»TEXTE ZUM NACHDENKEN«

Herausgegeben von
Gertrude und Thomas Sartory

Band 1625

W0068581

»Texte zum Nachdenken«

In den Büchern der Menschheit ist eine Fülle von Texten zu finden, die das Bewußtsein weiten und verändern, die Seele wandeln. Vorausgesetzt, man liest diese Texte wieder und wieder, läßt sie immer tiefer eindringen in Geist und Herz. Hier trennt nicht die Fremde der Zeit oder die Ferne der Kontinente, denn in tieferen Schichten der Seele sind alle Menschen einander verwandt.

Diese seit Jahren bewährte Reihe der Herderbücherei wurde von Thomas und Gertrude Sartory begründet. Eine Reihe von Dichtern und Denkern, Heiligen und Weisen kamen in ihr bereits zu Wort. In jedem Band wird eine andere Gestalt oder Tradition für Leser von heute erschlossen, jeweils unter einer Fragestellung, die uns in unserer Zeit besonders bewegt. Die schöne Gestaltung eines jeden Bandes lädt zum verweilenden Lesen ein, aber auch zum Verschenken.

Seit dem Tod von Thomas Sartory († 1982) führt Gertrude Sartory als Herausgeberin die Reihe weiter. Dr. iur. can. Gertrude Sartory, 1923 in Hamm geboren, ist freiberuflich als Publizistin tätig.

Ihre Anschrift: 8301 Niederaichbach bei Landshut.

Dieses Buch ist der 64. Band in der Reihe »Texte zum Nachdenken«.

Hans Hanakam, geboren 1941. Besuch des Humanistischen Gymnasiums. Studium der Klassischen Philologie, der Germanistik und der Geschichte. Seit 1969 als Lehrer am Gymnasium tätig.

ANTONIOS
DER GROSSE

STERN DER WÜSTE

Ausgewählt,
übersetzt und vorgestellt
von Hans Hanakam

HERDER TASCHENBUCH VERLAG

Originalausgabe
erstmals veröffentlicht als Herder-Taschenbuch
Buchumschlag: Willy Kretzer

Alle Rechte vorbehalten – Printed in Germany
© Verlag Herder Freiburg im Breisgau 1989
Gesetzt in der Times-Antiqua (Digiset)
Herder Freiburg · Basel · Wien
Gesamtherstellung:
Offizin Herder in Freiburg im Breisgau 1989
ISBN 3-451-08625-5

INHALT

VORWORT

Kaum ein Heiliger ist uns so fern und durch die Ferne so fremd geworden wie Antonios. Welche Distanz an Raum und Zeit trennt uns von der Welt, in der er gelebt hat! »Exotikón« nannten die alten Griechen das durch seine Ferne Befremdliche, und so als exotisch mag uns dieser Heilige der alten Kirche vorkommen.

Ein Leben, das vor anderthalb Jahrtausenden gelebt wurde und das in einem immer weitergehenden Rückzug aus der bewohnten Welt in immer einsamere Wüste zu bestehen scheint und von dem allenfalls entsagungsvolle Askese und Kämpfe mit Dämonen gerüchteweise bekannt sind – kann uns aus einem solchen Leben noch so etwas wie eine Botschaft entgegentreten?

Allerdings gab es Zeiten, in denen der Heilige auch bei uns viel verehrt wurde. Zahlreiche Altäre, Kapellen und Kirchen sind ihm geweiht. Antoniusorden und Antoniusbruderschaften waren im ganzen Mittelalter in Armenfürsorge und Krankenpflege tätig. Die Ritter sahen ihn wegen seiner vornehmen Abstammung als ihren Standesgenossen an und verehrten ihn wegen seines Kampfes gegen die Mächte des Bösen als ihr Vorbild. Mit diesem hohen Ansehen des

Heiligen korrespondieren seine zahlreichen Darstellungen in der Kunst. Ohne Zweifel: Antonios war einmal ein »populärer« Heiliger.

Gleich nach seinem Tod verbreitete die von seinem Zeitgenossen Athanasios aus eigener Anschauung verfaßte Lebensbeschreibung die Kunde von ihm in der ganzen damals bekannten Welt und begründete seine Berühmtheit. Dort, wo der Heilige gelebt hatte, hatten sich schon zu seinen Lebzeiten viele für das neue Lebensideal begeistert; nun siedelten sich ganze Kolonien in der Wüste an. Aber auch in ferneren Gegenden forderte sein Beispiel zur Nachahmung heraus.

Athanasios selbst, der als Bischof von Alexandria mit Wort und Schrift unnachgiebig gegen die Irrlehren des Arius auftrat, mußte wiederholt in den Westen ausweichen und kam nach Trier, das damals ein Zentrum des romanisierten Gallien war, und nach Rom. In Trier, wohin er zwei Mönche aus Ägypten mitbrachte, wurden die Ideale der Wüstenväter rasch bekannt und ihre Lebensweise nachgeahmt. Augustinus schildert im achten Buch seiner »Bekenntnisse«, welche Begeisterung Besucher dort ergriff, als sie zufällig mit dieser Radikalität der Nachfolge Christi konfrontiert wurden; sie entschlossen sich sofort, gleich selber dort zu bleiben.

Staunend berichtet Augustinus (in der für seine »Bekenntnisse« typischen Rede an Gott) auch von der Entwicklung, die in Mailand, wo er selbst wohnte, vor sich ging und von der er spät erst Kenntnis erhielt: »Ponticianus erzählte von Antonios, dem ägyptischen Einsiedler, dessen Name bei Deinen

Dienern schon hellauf erstrahlte, uns aber bis zu dieser Stunde verborgen war. Als er das bemerkte, redete er weiter darüber, machte uns Unwissende mit diesem bedeutenden Mann vertraut und wunderte sich über unsere Unwissenheit. Wir aber staunten, als wir von Deinen wohlbeglaubigten Wundertaten aus jüngster Vergangenheit, ja fast noch in unserer Gegenwart, hörten, die in der rechtgläubigen Welt und der katholischen Kirche geschahen. Alle wunderten wir uns: wir, weil die Ereignisse so unerhört waren, und er, weil wir von ihnen noch nichts gehört hatten. Dann kam er auf die Scharen in den Klöstern zu sprechen, auf ihre Lebensweise voller geistigem Wohlgeruch und auf die fruchtbringende Wüsteneinöde – alles Dinge, von denen wir nichts wußten. Und tatsächlich gab es ja schon ein Kloster in Mailand mit vortrefflichen Brüdern, außerhalb der Stadt, gefördert von Ambrosius – und wir hatten keine Kenntnis davon.«

Um die rasche Verbreitung dieser Gedanken im Osten und Westen des Römischen Reiches zu verdeutlichen, haben wir in einer Zeittafel S. 151 die wichtigsten Daten zu einem Überblick zusammengestellt.

Von welcher Aktualität müssen die von Antonios vorgelebten Ideale gewesen sein, wenn sie innerhalb weniger Jahrzehnte in die ganze damals bekannte Welt ausstrahlten!

Sollten sich die Menschen von Zeit zu Zeit so sehr voneinander unterscheiden, daß Verstehen für uns unmöglich wird? Stehen nicht vielmehr in jeder Epoche die Menschen vor den gleichen Problemen ihres

Lebens: Was ist mir wichtig? Was soll ich aus meinem Leben machen? Welchem Ziel lebe ich zu? Wie stelle ich mich dem Wissen, daß ich sterblich bin? Es erübrigt sich, noch mehr solche Fragen aufzuzählen, jedem fallen sie von selbst ein. Gerade auf diese Fragen aber ergeben sich aus der Antonios-Biographie Antworten, wie sie ein konsequent gelebtes Leben erteilen kann.

Nun schickt sich sicher nicht eines für alle, und die Lebensbeschreibung selbst des vorbildlichsten Menschen wird man nicht als ein Rezeptbuch zur Daseinsbewältigung lesen. Die Linien des Lebens verlaufen nicht so parallel. Aber sie gehen doch auf das gleiche Ziel zu. In einem Bild drückt dies der Abt Dorotheos im sechsten Jahrhundert aus: Man stelle sich die Erde als Kreis vor mit Gott als Zentrum; jeder einzelne Lebenslauf verläuft auf einer Strecke zwischen der Peripherie und dem Mittelpunkt, keine zwei sind gleich. Aber gemeinsam ist ihnen allen eine Gesetzmäßigkeit: Je näher wir Gott kommen, desto mehr werden auch die Menschen neben uns zu unseren Nächsten, und je mehr wir uns von Gott entfernen, desto größer wird auch unsere Entfremdung voneinander. Die Heiligen, die sich ganz in das Zentrum ziehen ließen, fanden auf verschiedenen Wegen alle zu ihrem Ziel.

So verschieden können diese Wege aber wohl nicht sein, daß man durch den Blick auf einen anderen nicht auch selbst weiterkommen kann. So soll hier der Weg des Antonios vorgestellt werden. Damit sollte sich aber nicht der Eindruck verbinden, als müsse dieser Heilige aus einem Abseits hervorgeholt und sozusagen entstaubt werden. Er hat sich ja nicht verborgen. Daß er für uns nicht präsent ist, liegt daran, daß wir uns von ihm entfernt haben.

Unser Versuch, sich ihm zu nähern, bestimmt den Aufbau dieses Büchleins. Im ersten Teil wird das Leben des Heiligen aus der von Athanasios verfaßten Biographie nachgezeichnet. Man könnte beim Lesen vor sich ein Bild nach der Art einer Viten-Ikone entstehen lassen, auf der wie ein Kranz die einzelnen Szenen aus der Lebensbeschreibung, der Vita, das Zentralbild mit dem »Porträt« des Heiligen umgeben. Diesem erzählenden Teil schließen sich Texte an, in denen Antonios selbst spricht.

Wir empfehlen dem Leser, diesen Weg der Annäherung an die Antonios-Worte zu beschreiten. Sie erwachsen so sehr aus der äußeren und inneren Biographie des Heiligen, daß für ihr Verständnis eine gewisse Vertrautheit mit dem Antonios-Leben vorausgesetzt werden muß. So kann auf die Beigabe der sonst erforderlichen zahlreichen Anmerkungen zur Erläuterung, die andererseits das Lesen auch erschweren, verzichtet werden.

LEBENSBILDER

*Die Darstellung folgt der von Athanasios auf Grie-
chisch verfaßten Lebensbeschreibung des Heiligen. Für
die übersetzten und für die frei nachgestalteten Abschnitte wurde der bei Migne PG 26, 835–976 abge-
druckte Text benützt. Die Kapitelzählung ist ebenfalls
dieser Ausgabe entnommen. Verweise auf diesen Text
bezeichnet die Abkürzung AV (Antonios-Vita) mit der
betreffenden Kapitelnummer.*

*Für die deutsche Wiedergabe der Schriftzitate wurde
die Einheitsübersetzung herangezogen, soweit der in
der Vorlage verwendete griechische Wortlaut dies zu-
läßt.*

Antonios wurde im Jahr 251 oder 252 in Kome, einem Dorf in Mittelägypten, geboren. Die Eltern, grundbesitzende Ägypter, Christen, galten als wohlhabend und vornehm. Um so mehr erstaunt es, daß der Knabe sich jeglicher Bildung verschloß, keinen Umgang mit anderen Kindern suchte, sondern im Haus und bei den Eltern blieb.

Die Vita vermeldet keine Wunder vor, bei oder nach der Geburt, ebensowenig erzählt sie Geschichten über die frühe Kindheit. Aus dem Fehlen von beidem hat man zweierlei zu folgern: Athanasios weiß über Kindheit und Jugend nur, woran sich Antonios selber erinnern kann, und damit dürfen wir als Quelle Mitteilungen des Heiligen selbst annehmen; und an diese hält sich der Biograph getreulich, so daß seine Schrift weit weniger, als manchmal angenommen wird, den spätantiken »Philosophenheiligen«-Legenden nachgestaltet ist.

Aber das zurückgezogen lebende Kind, wird es nicht doch schon als kleiner Asket skizziert? Ist das Bild vom kleinen Weltflüchtling nicht doch eine unhistorische Verzeichnung? Ein Blick auf die Zeitumstände zeigt, daß sich wohl die ganze Familie vom öffentlichen Leben fernhielt. Kaiser Decius setzte im Jahr 250 ebenso überraschend wie systematisch im ganzen Reich eine Christenverfolgung in Gang, die erste mit dem erklärten Ziel, dem Christentum überhaupt ein Ende zu machen. Sein zweiter Nachfolger, Valerianus, nahm 257 diese Maßnahme mit demselben Ziel und in gleicher Härte wieder auf. Was blieb in einer offiziell wieder intoleranten heidnischen Umwelt einer christlichen Familie anderes übrig, als möglichst zurückgezogen zu leben?

Es ging dabei gar nicht einmal so sehr um Sicherheit. Das Martyrium wurde ja als auszeichnende Gnade aufgefaßt. Doch in der weitgehend von den Vorstellungen des Heidentums geprägten Gesellschaft bedeutete ein Leben in der »Welt« für Christen eine ständige Gefährdung ihres Glaubens. Von dieser Welt mußten sie sich in vielfacher Hinsicht distanzieren. Selbst die Beendigung der Verfolgung war da nur ein juristischer Akt, mit dessen erneuter Widerrufung man außerdem jederzeit rechnen mußte. Die Christianisierung ging nur allmählich vor sich, und in der griechisch geprägten Oberschicht Ägyptens besonders langsam. So verbleibt der Knabe Antonios weiterhin in der gewohnten Distanz zur »Welt«.

Athanasios stellt dieses erste Kapitel der Vita unter ein Leitmotiv: Wie Jakob im Alten Testament (Gen. 25, 27) – und im Unterschied zu dessen Bruder Esau, dem Mann des freien Feldes – hält er sich ruhig zu Hause auf. Von Entscheidung und Kampf weiß die Lebensbeschreibung hier noch nichts zu berichten. Der Heranwachsende ordnet sich seinen Eltern unter und bleibt trotz des Wohlstandes bescheiden und anspruchslos. Mit ihnen besucht er die Kirche, achtet auf die Lesungen und bewahrt den Gewinn daraus in seinem Inneren.

Wir sehen Antonios am Anfang seines Weges. Noch kennt er ihn nicht, noch fehlt ihm die Wegweisung. Aber von Anfang an haben wir es nicht mit einem Heiligen zu tun, der erst in die Irre geht, um mit seinsverstörender Bestürzung angehalten und bekehrt zu werden. Wir blicken auf einen nachdenklich hörenden jungen Menschen, der innen lebt und die Zerstreuung in das Äußere meidet. Antonios will bei sich sein. AV i

NACHFOLGE

Beim Tod der Eltern ist der Sohn achtzehn bzw. zwanzig Jahre alt. Er ist erwachsen, selbständig. Sein Leben wird sich ändern müssen. Für sein Erbe hat er Sorge zu tragen und auch für eine jüngere Schwester.
Wenige Monate nach dem Tod der Eltern sehen wir ihn, unterwegs zur Kirche, in Gedanken beschäftigt mit dem Problem des Besitzes. Er habe überlegt, so berichtet Athanasios, wie die Apostel alles verlassen haben und dem Retter gefolgt sind (Mat. 4,20) und wie die in der Apostelgeschichte (4,34-37) Beschriebenen ihren Besitz verkauft, den Erlös gebracht und vor den Aposteln niedergelegt haben zur Verteilung an die, welche es nötig hatten, und in welchem Ausmaß die Erfüllung ihrer Hoffnung für sie im Himmel bereitliegt (Kol. 1,5).
Er betritt die Kirche, dort wird gerade das Evangelium vorgelesen, und als sei sie ihm zugesprochen, hört er die Antwort des Herrn auf die Frage des reichen Jünglings: »Wenn du vollkommen sein willst, geh, verkaufe deinen ganzen Besitz und gib das Geld den Armen, und komm und folge mir nach, und du wirst einen Schatz im Himmel haben« (Mat. 19,21).
Da verläßt Antonios die Kirche, verschenkt seinen

Grundbesitz an die Dorfbewohner, verkauft alle bewegliche Habe und gibt fast das ganze dafür eingenommene Geld den Armen. Nur wegen seiner Schwester legt er einen geringen Betrag zurück.

Wie schwer verständlich dies erscheint. Eine der bekanntesten Episoden aus der Heiligen Schrift, jeder kennt sie und jeder glaubt auch, daß Christus so zu dem reichen jungen Mann gesagt hat. Aber wie viele Hindernisse türmen sich auf davor, so zu hören, wie Antonios gehört hat! Der Reiche im Evangelium ging weg und war traurig. Er hatte immerhin begriffen. Sicher, radikale Befolgung ist nicht überall immer jedem möglich. Man ist auf verschiedene Weise Christ, man kann es auch mehr oder weniger sein, und Verdienst und Schuld sind individuell und unterliegen der ganz persönlichen Rechenschaft des einzelnen. Aber es gibt eine Totalität der Nachfolge, die so weit gehen will, wie es nur möglich ist. Das Ziel dieser Nachfolge heißt in der Sprache der Bibel Vollkommenheit. Diese Totalität ist die Ausnahme – hinsichtlich der Zahl derer, die sie sich zumuten. Sie ist selbstverständlich – als zugemutete Voraussetzung für die angebotene Vollkommenheit. Die Traurigkeit des Besitzenden, der nicht nachfolgen kann, weil er von seinem Besitz besessen zurückkehren muß zu dem, was er hat – wer hätte diese Traurigkeit nicht auch zur seinen zu machen?

Drei Bilder hat Athanasios hier schön aneinandergefügt: in der Mitte der Anruf des Herrn an den reichen Jüngling Antonios; voraus, gewissermaßen links davon, als »Vorbild« für ihn, das Leben in der Urgemeinde; und rechts, »nachfolgend«, den sich zur

Einreihung in diese Tradition entschließenden neuen Jünger.

Noch ein Anruf trifft ihn. Denn immer noch »hat« er. Nächstens hört er in der Kirche: »Sorgt euch nicht um morgen!« (Mat. 6,34). »Da hielt es ihn nicht mehr«, schreibt Athanasios; »er ging hinaus und teilte auch jenen Rest noch an die Armen aus;« und auch die Schwester versorgte er, indem er sie Bekannten, christlichen Jungfrauen, anvertraute, die sie ihren Idealen gemäß erziehen sollten.

Nun verläßt er Haus und Hof, ledig aller Bande und Bindungen.   AV 2–3

FREUND GOTTES

Antonios läßt sich zuerst in der Nähe seines ehemaligen Besitzes nieder, bald aber zieht er noch etwas weiter weg, vor den Ort hinaus.

So wie er, unter Verzicht auf Eigentum und Familie, lebten in der Frühzeit des Christentums viele, einzeln für sich oder auch miteinander in einer Gemeinschaft. Sie waren ergriffen vom Geist der Apostel. Wie diese wollten sie dem Anruf Christi folgen. Nachfolge konnte nun freilich nicht mehr heißen, sich Christus anzuschließen, um mit ihm zu ziehen. Christus nachfolgen hieß aber immer noch, mit ihm hinaufzuziehen nach Jerusalem, ihm ähnlich zu werden, so wie die Apostel durch das Leben mit ihm und in seiner Nähe »christlich« wurden.

Zwar traten auch außerhalb des Christentums religiöse Wanderprediger auf, heidnische Philosophen, die

Jünger um sich sammelten; und Gruppierungen, die sich von der Gesellschaft absonderten, um ihre Ideale rigoros verfolgen zu können, gab es auch im Judentum. Aber damit ist beim derzeitigen Wissensstand für die christliche Sphäre keine direkte Abhängigkeit zu beweisen. Die Predigt der Apostel von Christus dem Gekreuzigten ist etwas Neues. »Kreuzigung«, Kreuzesnachfolge gehört zum christlichen Weg der Angleichung an Christus.

Aber das Kreuz ist nicht das Ziel solcher Askese. Es war ja auch für Christus nicht Ziel und Ende. Das Kreuz ist leer, und Grab und Tod konnten den Gekreuzigten nicht behalten. Nicht auf den Tod hin richten sich diese Asketen aus. Im Gegenteil; es ist geradezu Gier nach Leben, was sie treibt, nach intensivem, ewigem Leben. Von »Unsterblichkeit«, »Unverweslichkeit« ist immer wieder die Rede. Nicht Weltverzicht und grenzenloses Eingehen in ein Nirwana, sondern Dauer, Weiterexistenz der Geistperson durch Teilnahme an Christi Auferstehung ist das Ziel: neues Leben. Das aber beginnt nicht erst nach dem Tod. Der Christ lebt bereits hier aus diesem neuen Geist und lebt in diese neue Welt hinein.

Nach dem Vorbild Christi und der Apostel will auch Antonios sich in der diesseitigen Welt nicht heimisch machen. Er betet und meditiert die Heilige Schrift, und er arbeitet wie alle diese christlichen Asketen. Von der Arbeit ihrer Hände leben sie. Dabei wollen sie nicht mehr haben, als sie für ihren Lebensunterhalt brauchen. Die Einnahmen, die darüber hinausgehen, geben sie als Almosen an die Armen.

Sieht sich nun Antonios als den besseren Christen, in

elitärem Abstand zu jenen, die hinter seinen Idealen zurückbleiben? Er vermeidet den abschätzigen Blick des Sich-Vergleichens und sucht nach Belehrung bei denen, die weiter sind als er. In seiner Lebensweise richtet er sich nach einem alten Eremiten in der Nähe des Dorfes. Auch andere Asketen sucht er auf und »sieht bei dem einen Liebenswürdigkeit, bei einem anderen Beharrlichkeit im Gebet, an einem anderen nimmt er Sanftmut wahr und an einem anderen Freundlichkeit, bei einem anderen beobachtet er die Vermeidung des Schlafes, bei einem anderen das Bemühen um die Heilige Schrift; den einen bewundert er wegen seiner Ausdauer, den anderen wegen seines Fastens und des Schlafens auf dem bloßen Erdboden; an dem einen gewinnt er ein Beispiel für Milde, an dem anderen für Langmut.« Wie das Licht der Sonne, in das man nicht direkt schauen kann, sich im Prisma bricht und heraustritt, zerlegt in die verschiedenen sich ergänzenden Spektralfarben, so zeigen sich Antonios die verschiedenen Aspekte des Strebens nach Christusähnlichkeit; und er erkennt als das Verbindende »die allen gemeinsame fromme Verehrung Christi und die Liebe zueinander.« Alle, die ihn kennen, nennen ihn »Freund Gottes«.

Aber nachdem er nun willentlich, nach Entscheidung und Vorsatz, lebt, entfaltet sich die Dramatik von Bestrebung und Widerstand, der Kampf. »Der Teufel, feind dem Guten und voll Neid, (...) begann auch gegen ihn anzugehen. Er gab ihm wahnhaft die Erinnerung an den Besitz ein, die Sorge für die Schwester, den Umgang mit der Verwandtschaft, Freude an Geld, Verlangen nach Ehre, abwechslungsreiche Tafelfreuden und die anderen Annehmlichkeiten des Lebens; und schließlich ließ er ihn sich die Beschwerlichkeit der Tugend vorstellen und wie groß die Mühe ist, die man um sie hat, und die Schwäche seines Körpers und die Länge der Zeit.« Die Angriffe auf die körperliche Sphäre wären nicht vollständig ohne die Versuchung durch das Geschlechtliche. Um ihn auf die sexuellen Freuden hinzuweisen, erscheint ihm der Dämon sogar als Frau. Später wird Antonios sagen, daß der Teufel immer diejenige Gestalt annimmt, in der er sich im Hinblick auf die innere Situation des Menschen am ehesten Erfolg verspricht.

Es waren dies nun Anfechtungen für den jungen Menschen, den weder zeitlich noch räumlich große Distanz zur »Welt« trennt. Blickt Antonios zurück auf das noch naheliegend Verlassene? Er sieht die Abkehr von seinem Entschluß für Sünde an; und so kämpft gegen den Teufel, der aus Stolz sein wollte wie Gott, Antonios, der sich in Demut aufgemacht hat, Gott ähnlich zu werden: durch Fasten, Gebet, Schriftmeditation und Arbeit. Zuletzt zeigt sich ihm dieser Teufel so, wie er von seinem Wesen her ist, nämlich schwarz auch von Gestalt, und gesteht seine Niederlage. Antonios hat gelernt, daß er mit Gottes Hilfe stärker ist.

Die Abwehr der Versuche, ihn zu Aufgabe und Rückkehr zu bewegen, war »Antonios' erster Kampf gegen den Teufel, oder besser: des Retters, der Antonios zum Erfolg führte und der im Fleisch die Sünde verurteilte, damit die Forderung des Gesetzes bei uns erfüllt werde, die wir nicht nach dem Fleisch, sondern nach dem Geist leben.« Dies ist die Alternative.

Nicht um Moral oder Unmoral geht es, nicht um die Frage: Was ist noch erlaubt, wie weit darf ich gehen? Es geht um ein in Totalität gelebtes Leben. Strenger noch als zuvor befolgt er eine asketische Lebensweise. Er durchwacht oft die Nächte, nimmt erst nach Sonnenuntergang etwas Brot und Salz als einzige Mahlzeit zu sich, trinkt nur Wasser und schläft auf dem Erdboden. »Er ist der Meinung, daß er zur Anspannung der Seele dann fähig ist, wenn die körperlichen Begierden schwach sind.«

Nichts soll ihn vom Leben im jeweils gegenwärtigen Augenblick abhalten, nichts ihn hindern, immer Gottes Anruf zu hören und zu befolgen. Er will nicht auch Gott lieben neben manch anderem, sondern aus ganzem, aus ungeteiltem Herzen nur Gott.   AV 3-7

DÄMONENKAMPF

Nach einiger Zeit betritt Antonios in mehrfacher Hinsicht Neuland. In neuer Radikalität überschreitet er die Grenze zwischen bewohntem und unbewohntem Land und »geht weit weg vom Dorf«.

Nicht einfach »Weltflucht« führt ihn fort. Es ist dieses alte Wort, das schon in der Väterzeit verwendet wird, mit Vorsicht zu gebrauchen. Allzuleicht stellt sich die Auffassung ein, hier gehe es um die Flucht eines Schwachen vor etwas Überlegenem. Es handelt sich aber in Wahrheit um einen Verzicht auf Güter, auf Werte, um eines höheren Wertes willen. Nicht schwächliche Flucht bestimmt Antonios' Weg. Ein eigenartig kämpferischer Impuls führt ihn fort. Er bewohnt nun einen Grabbau, wie sie in Ägypten häufig anzutreffen waren. Solche Orte galten als verrufen und nicht geheuer, als von Dämonen in Besitz genommen. Man darf annehmen, daß diese Vorstellung Antonios nicht nur als koptischer Volksglaube, sondern auch aus dem Evangelium bekannt war. Denn eine Episode, die von Lukas (8, 26–39) berichtet wird, spielt auf eine solche Umgebung an: die Heilung des besessenen Mannes aus Gerasa. Diesen trieben seine Dämonen hinaus »in menschenleere Gegenden«, er lebte »in den Grabhöhlen«. Das Reich des Bösen ist dort, wo der Tod triumphiert. Und so ist der Asket jetzt Kämpfer in einem geistigen Kampf, der hier neu begonnen wird. Neu sind auch die Erfahrungen, die Antonios hier macht. Er entdeckt Neuland gewissermaßen auch in seiner Seele.

Wenn nun die neuen Angriffe des Bösen auf ihn beginnen, tut auch der moderne Leser der alten Biographie gut daran, so wie sie nicht nach historischen oder psychologischen Erklärungen für diese Erscheinungen zu suchen und dadurch das Böse als Macht hinwegzurationalisieren, sondern zu akzeptieren, daß es sich tatsächlich um irgendwie real gemachte Erfahrungen und um ihre Mitteilung in der Sprache der Zeit handelt.

Athanasios schreibt: »Der Feind wollte dies (nämlich die Inbesitznahme seines Territoriums) nicht hinnehmen, fürchtete sogar, Antonios werde schon bald auch die Wüste mit Askese erfüllen, und ging eines Nachts her mit einer Menge Dämonen und setzte ihm so sehr mit Schlägen zu, daß er stumm vor Schmerzen am Boden lag. Antonios versicherte später, die Qualen seien so heftig gewesen, daß er sagen müsse, Schläge von Menschen könnten solchen Schmerz nie verursachen.« So findet ihn ein Bekannter, der ihn von Zeit zu Zeit mit Brot versorgt, und schafft ihn in seinen Heimatort. Wie tot wird er in die Kirche gebracht und beklagt. Doch um Mitternacht kommt er zu sich und läßt sich wieder zurückbringen in das Grab. »Auf dem Boden liegend betete er. Und nach dem Gebet rief er: ›Ich, Antonios, bin zur Stelle. Eueren Schlägen weiche ich nicht. Selbst, wenn ihr mir noch mehr gebt, wird nichts mich trennen von der Liebe zu Christus.‹ Darauf betete er aus dem Psalm (27,3): ›Mag ein Heer mich belagern – mein Herz wird nicht verzagen.‹ «

Der Teufel aber gab nicht auf, rief seine Untergebenen herbei und befahl einen neuen Angriff. »Da veranstalteten sie nachts ein solches Getöse, daß die ganze Gegend zu beben schien. Als rissen sie die vier Mauern des Grabes ein, schienen die Dämonen durch sie einzudringen, und zwar in der gespenstischen Gestalt wilder Tiere und Schlangen. Und sogleich war der Raum voller Erscheinungen von Löwen, Leoparden und Stieren, und von Schlangen, Vipern, auch von Skorpionen und Wölfen. Und jedes dieser Tiere verhielt sich so wie es seinem Aussehen gemäß war: sprungbereit brüllte der Löwe, der Stier schien mit den Hörnern zuzustoßen, die Schlange kroch, kam aber allerdings nicht näher, der Wolf, obwohl losjagend, hielt sich zurück. Im ganzen war das Gelärme aller dieser Erscheinungen schrecklich und ihre Angriffswut fürchterlich.

Antonios aber, von ihnen gepeitscht und gequält, litt

zwar heftigen Schmerz an seinem ganzen Körper, lag aber ganz ruhig und mit wacher Seele da. Vor körperlichem Schmerz stöhnte er zwar, aber mit nüchternem Sinn, wie zum Spott, sagte er: ›Wenn ihr irgendeine Gewalt hättet, würde es genügen, daß einer von euch allein kommt. Weil euch aber der Herr jede Kraft genommen hat, deshalb versucht ihr eben durch euere große Zahl zu erschrecken. Typisch für euere Schwäche ist es, daß ihr die Gestalt unvernünftiger Wesen annehmt. (…) Aber ein Siegel für uns und eine Mauer zu unserer Sicherheit ist unser vertrauensvoller Glaube an den Herrn.« Da erkennen die Dämonen, daß sie auch dieses Mal keinen Erfolg haben.

Möglicherweise sehen wir diese Szene so vor uns, wie sie von großen Malern gestaltet worden ist. Aber was ist von dem im Bild Dargestellten, vom Teufel, von Dämonen, von den Personifikationen des Bösen und ihrem Auftreten zu halten?

Das Geheimnis des Bösen ergründen zu wollen, gehört wohl zu den größten Versuchungen. Etwas erkennen wollen heißt ja immer, sich auf dieses Etwas einzulassen. Dieses Sich-Annähern setzt sich aber der Gefahr aus, der Faszination des Objektes zu verfallen. Erst recht kann es nicht darum gehen, sich den Teufel dienstbar zu machen. Wie auch die alten Sagen wissen, verliert sich der Mensch durch dieses Arrangement mit dem Bösen, durch den Pakt mit dem Teufel. In der großen Rede an die Mönche gibt Antonios S. 80 ff. selbst Auskunft über seine Erfahrungen. Er weiß keine Theorie des Bösen, er entwikkelt keine Dämonologie. Als Wichtigstes nennt er dort die Forderung, das Böse zu identifizieren (zu

»unterscheiden«) und sich so von ihm frei zu halten. Für den, der dies will, ist es mit Gottes Hilfe möglich. Denn erst unsere Einwilligung, die Übernahme der bösen Einflüsterungen in unseren Willen, machen uns böse.

In der völligen Einsamkeit hat Antonios sich selbst als einen vom Bösen heimgesuchten Menschen erfahren. Die Erfahrung der eigenen Schwäche und des Sieges erweisen die Anwesenheit des liebenden Gottes. Denn den in seinem Grab lebenden Antonios, der für Eigenwillen, Eigensinn und Eigenliebe sterben will, um ganz für Gott zu leben – hat Gott ihn in dieser Grabesnacht der Versuchung und Hölle auf Erden vergessen?

Gott hat zugesehen, weil er »Lohn« und »Siegeskrone« vergeben will. Antonios sieht das Dach sich gleichsam öffnen und einen Lichtstrahl auf sich herabkommen. Da sind die Dämonen fort, die Schmerzen weg, alles ist wieder in Ordnung. Er fragt die Erscheinung: »Wo warst du? Warum bist du mir nicht schon am Anfang erschienen, um meiner Qual ein Ende zu machen?« Es spricht eine Stimme zu ihm: »Antonios, ich war da. Aber ich habe abgewartet, um deinen Kampf zu sehen. Weil du durchgehalten hast und dich nicht besiegen ließest, werde ich immer dein Helfer sein und werde dafür sorgen, daß du überall rühmend genannt wirst.«

»War er nicht innerlich für die Welt gestorben und auf der Suche nach ihm, nach Gott, der die Macht hat, Leben und Auferstehung zu gewähren? Wenn er nicht ausgeharrt hätte bis zum Ende, wäre er nicht gewürdigt worden, seinen Meister zu sehen und seine

Stimme zu hören. Nein, er suchte ihn mit ganzer Seele (...) und empfing den verdienten Lohn. Freiwillig gestorben für Christus, blieb er liegen wie ein Toter, bis der, welcher die Toten erweckt, komme, um ihn von der Unterwelt wieder erstehen zu lassen, d. h. aus der Finsternis der Seele, und ihn zum herrlichen Licht seines Angesichts zu führen.«
Mit diesen Worten rühmt ihn dann Symeon der Neue Theologe (949–1022).   AV 8–10

DER ANACHORET

Am andern Tag verläßt Antonios seine Behausung, aber nicht, um nun, einer Vision gewürdigt und solchermaßen bestätigt, zurückzukehren. Im Gegenteil, die Distanz zu dem, was er verlassen hat, wird immer größer werden; bis er nach seinem Tod, wie er in seinen letzten Worten bestimmt, der Welt abhanden gekommen sein will. Nun will er in der Wüste wohnen. Der alte Eremit, den er bittet, mitzukommen, lehnt ab; er sei zu alt, und dieses Vorhaben sei etwas gänzlich Neues. Also schickt sich Antonios an, allein »zum Berg« zu gehen.
Bevor er dort ankommt, hat er unterwegs zwei seltsame Versuchungen zu bestehen. Denn »wieder sah der Feind seinen Eifer und wollte ihn von seinem Ziel abbringen, und er legte auf den Weg als Trugbild eine große silberne Scheibe. Antonios aber, der die Trugkunst dessen, der das Gute haßt, kannte, blieb stehen und blickte auf sie und wies den Teufel in ihr nach, indem er sprach: ›Woher kann in der Wüste eine

Scheibe kommen? Dieser Weg ist nicht begangen, und keine Spur von Reisenden ist zu sehen. Es konnte sie auch niemand verlieren, ohne es zu bemerken; sie ist ja sehr groß. Aber selbst jemand, der sie verloren hätte, wäre umgekehrt und hätte sie wieder gefunden; denn die Gegend ist menschenleer. Das ist Teufels Werk. Damit wirst du Teufel mich von meinem Vorhaben nicht abbringen. Dies hier fahre mit dir ins Verderben (Apg. 8, 20).‹ Und als Antonios so sprach, verflüchtigte sich die Scheibe wie Rauch vor dem Feuer (Ps. 68, 2 f.).

Sodann sah er im Weitergehen ein zweites Mal nun nicht mehr ein Trugbild, sondern echtes Gold auf den Weg geworfen. Hatte es ihn der Feind sehen lassen oder irgendeine höhere Macht, weil sie den Kämpfer ertüchtigen und dem Teufel zeigen wollte, daß er sich auch aus wirklichem Reichtum nichts mache, – er selbst hat es nicht berichtet, und wir wissen nicht mehr, als daß es sich bei dem Gezeigten um Gold handelte.«

Eine Versuchung zum Habenwollen sieht Athanasios also in diesen beiden Episoden. Es geht nun aber nicht noch einmal um die alte Habsucht wie seinerzeit bei der Versuchung zur Rückkehr zum aufgegebenen Besitz. Nun soll sich zeigen, ob Antonios sich niederneigt zu Silber und Gold, ob er sich zur Erde bückt für den Schatz, der aus der Erde stammt. Würde er Gold und Silber bei sich horten, dann würde er verkümmern, würde sich verkrümmen zur Existenz der Zwerge im Märchen: stolz auf etwas, worauf er nur stolz sein kann, weil er es erfolgreich verbirgt. Wenn er sich von solch irdischem Reichtum blenden ließe, hätte er seine Ausrichtung nach oben aufgegeben. Denn, wie es im Evangelium (Luk. 12,34) heißt, sein Herz wird sich dort aufhalten, wo es seinen Schatz weiß. Aber schon vor dem Trugsilber zeigte sich, daß Antonios die Gabe der Unterscheidung besitzt. Über das Gold »ging er hinweg, als ob er über Feuer schritte, und ohne sich umzuwenden.« Wir halten es nicht für falsch, das Leben zu genießen und es uns gut gehen zu lassen. Die alten Wüstenväter haben ein anderes Ideal: Ihnen geht es nicht um die Erfüllung ihrer Wünsche und Sehnsüchte im Diesseits, sondern gerade um die Vermeidung der Sättigung in diesem Leben: als sei die Erfüllung mit den »himmlischen Gütern« um so reichlicher, wenn das Vakuum auf Erden bewußt möglichst groß gehalten wird. In der Bergpredigt hören sie die Verzichtenden seliggepriesen.

Er überschreitet den Nil und geht zum Berg Pispir. Dort findet er ein aufgegebenes Kastell. Er betritt es, und die Schlangen, die sich darin aufhalten, verlassen es augenblicklich. Wasser findet er vor, und für ein halbes Jahr lagert er das haltbare Brot ein, das in jener Gegend hergestellt wird; zweimal im Jahr wird er es frisch geliefert bekommen. Dann »steigt er in seine neue Behausung wie in eine unterirdische heilige Kammer hinab und bleibt dort innen allein, kommt weder selber heraus, noch will er von denen, die herkommen, jemanden sehen.«

Außen vernimmt man von drinnen Getöse und Geschrei: »Verlasse, was uns gehört! Was geht dich die Wüste an? Unsere Nachstellungen kannst du doch nicht aushalten.« Und man hört Antonios' Psalmengesang: »Gott stehe auf, seine Feinde sollen zerstieben. Fliehen sollen vor seinem Angesicht alle, die ihn hassen. Wie Rauch verweht, so sollen sie verschwinden, wie Wachs am Feuer zergeht, so sollen sie vergehen (Ps. 68, 2 und 3). Alle Heidenvölker umringten mich, und mit dem Namen des Herrn schlug ich sie zurück (Ps. 118, 10).«

Kampf mit den Dämonen also auch hier. Sie sind überall, wo Antonios ist. Nicht, weil er sie mitbringt, wohin er geht, sondern weil das Böse sich dort widersetzt, wo jemand gut sein will. Wer hätte noch nicht erlebt, in seinem guten Streben vom Widerstand in und um sich gehemmt zu werden! Wie schwach man sich fühlt, wie mutlos man wird! Askese bedeutet Übung, Training. So wie der leistungswillige Athlet und der gute Künstler »in Form« sein und sich beherrschen muß, um »gut« zu sein, und dafür Opfer bringt und Verzicht leistet, ebenso muß für sein Ziel, das Gute zu tun, der Mensch seine körperlichen und seelischen Kräfte in Dienst nehmen. Christlich verstandene Askese ist nie selbst Zweck, sondern immer Mittel. Das teilen alle darin Erfahrenen mit. So sagt etwa der heilige Serafim von Sarow, einer der großen und vielverehrten Heiligen der russischen Kirche, Seelenführer und Wundertäter, daß Gebet, Fasten, Wachen und die übrigen christlichen Askese-Übungen, obwohl sie an sich gut sind, nicht schon allein ein christliches Lebensziel bedeuten, sondern notwendige Mittel sind, um das Ziel zu erreichen; das wahre Ziel christlichen Lebens aber sei die Erlangung des Heiligen Geistes durch das Leben in Christus.

Solcher Askese unterzieht sich Antonios in immer größerer Radikalität. AV 11–13

MENSCH GOTTES

Nachdem Antonios als junger Erwachsener durch den Gedanken an die Rückkehr zu seinen weltlichen Gütern und zum Sinnengenuß gefährdet war, aber bei seiner Entscheidung blieb, sollte er auf der nächsten Stufe, bei den Gräbern, vom Weitergehen auf seinem eingeschlagenen Weg abgeschreckt werden. Er widerstand allen Schrecknissen und wurde mit einer Vision belohnt. Mit noch größerer Begeisterung entschloß er sich nun zu noch radikalerer Askese und ging, etwa fünfunddreißigjährig, in die Wüste.

Nahezu zwanzig Jahre blieb er dort in seinem Verlies. Daß es notwendig ist, nicht den Gedanken an Abwechslung und Veränderung nachzugeben, betonen die Apophthegmata der Wüstenväter immer. Flucht vermeintlich vor der Einsamkeit ist die Flucht vor der Konfrontation mit dem eigenen Ich – aus Angst vor der Erkenntnis seiner selbst. Diese Angst hat zu tun mit dem Widerspruch zwischen der erreichten und der geforderten Selbst-Verwirklichung. Den Abstand zu dem Ebenbild Gottes, als das man gemeint ist und dem man in so vielen Zügen nicht entspricht, erleidet der Christ auch als Schuld. Ihr soll nicht ausgewichen werden durch Flucht, und sie soll nicht verdrängt werden durch äußerlichen Aktivismus. Nur die kompromißlose Selbsterkenntnis ist angebracht. Demjenigen, der sich so unter Vermeidung der Versuchung, von sich abzusehen, wegzuhören, irgendwo mitzureden – eben in der Wüste – um Erkenntnis des eigenen inneren Zustandes bemüht, erwächst aus Reue und Buße die demütige Zuversicht, Gott näherzukommen. Denn ihm kommt auch Gott entgegen.

Die Tradition der Mystik hält über die Jahrtausende hinweg fest an dem Dreischritt des Aufstiegs aus Läuterung, Erleuchtung und Gottvereinigung. Er prägt auch Antonios' Weg. Aber während der außerchristliche Philosophen-»Heilige« zum theios anér, zum göttergleichen Menschen, sich zu erheben trachtete, der sich aus *eigener* Kraft emporschwingt und dann aus *eigener* Kraft Wunder vollbringen will und *seine* Lehre verkündet, ist der christliche Heilige davon überzeugt, den Aufstieg nur durch die Gnade Gottes zu erreichen. Er ist nicht der göttergleiche Mensch, er ist der *Mensch Gottes*.

In der Grabkammer fand der Höhepunkt der ersten Phase statt mit dem Sieg über die Dämonen. Hier nun, im Keller des alten Kastells, in der Tiefe, ereignet sich der zweite Schritt. Athanasios verwendet das griechische Wort ádyton für diesen Raum hier zweimal: dort, wo er vom Betreten des Gelasses spricht, und dann wieder, wenn er mitteilt, daß Antonios daraus hervorkommt. Man wird dieses Wort nicht falsch verstehen, wenn man es in einem Bericht aus Ägypten so auffaßt, wie es in Ägypten verstanden wurde, nämlich als der innerste, tiefste, intimste Raum eines Tempels. Wie der tote Christus in seinem Felsengrab ist Antonios für die Welt gestorben und abgeschieden. In jeder Hinsicht »vertieft«, »versenkter« er sich, um Gott zu begegnen. Denn die Höhle mit ihrer

Verborgenheit und Geborgenheit ist – wie die alten Weihnachtsbilder es zeigen, – auch der Ort, wo Gott zur Welt kommt.

Ein Maler vertieft sich in sein Bild und arbeitet daran, bis es bei allem Kontrast in sich widerspruchslos ist; dann »stimmt« es. Ein Dichter feilt an seinem Gedicht, bis es »richtig« ist; da ist es eine Einheit geworden, zu der jedes Wort beiträgt und durch die jedes Wort seine Berechtigung erhält. Lauter Farbe sollte das Bild vielleicht sein, lauter Musik das Gedicht. Lauterkeit – eines der kostbaren alten Worte. Lauterkeit: das Ergebnis der Läuterung, jenes Prozesses, bei welchem aus dem Gold durch das Feuer jede Verunreinigung ausgeschmolzen wird. Lauterkeit ist also etwas Köstlich-Kostbares, Kampf gegen Unlauterkeit ist geistige Reinlichkeit, vernünftige Hygiene der Seele.

Bis jetzt hat Antonios ausschließlich gelebt, um Gott zu erkennen und von seinem Geist erfüllt zu werden. Nun sind die Stadien der Verborgenheit, fast möchte man sagen: der Verpuppung, abgeschlossen. Er selbst weiß es. Als die zudringliche Menge der Besucher die Tür aufbricht, um ihn zu sehen, kommt er ihnen entgegen und »hervortrat Antonios wie aus dem Innersten eines Heiligtums, eingeweiht in die heiligen Mysterien und ergriffen vom Geist Gottes. Und in jenem Augenblick zeigte er sich zum ersten Mal außerhalb des Kastells seinen Besuchern. Diese staunten, als sie ihn sahen, darüber, daß sein körperlicher Zustand derselbe geblieben war, daß er weder zugenommen hatte wie ein Mensch ohne körperliche Bewegung, noch abgemagert war vom Fasten und vom Kampf mit den Dämonen. Er war äußerlich so, wie sie ihn in Erinnerung hatten, bevor er in die Verborgenheit gegangen war. Seine Seele wiederum war geläutert. Denn weder war er aus Gram kümmerlich geworden, noch vor Freude ausgelassen, und weder geneigt zum Lachen noch zur Niedergeschlagenheit. Weder geriet er in Verwirrung beim Anblick der versammelten Menschenmenge, noch zeigte er sonderliche Freude über ihre Begrüßung; nein, er blieb ganz so, wie er war, da ja die Vernunft ihn leitete, und zeigte unverändert ein natürliches Verhalten.«

In dem geläuterten und erleuchteten Antonios ist nun kein eigener Sonderwille mehr am Werk. Er ist beherrscht von Willen Gottes – »begeistert«, Geist-tragend und vom Geist getragen, tritt er nun neu in die Welt. AV 14

BLÜHENDE WÜSTE

Die Kunstgeschichte kennt den Bildtypus der Thebais-Darstellungen. Er war besonders beliebt im 14. und 15. Jahrhundert. Auf diesen Bildern ist die ägyptische Wüste der Thebais – stilisiert, ohne präzisen Zeitbezug – abgebildet. In einer felsigen Landschaft in der Nähe des Nil ist zu einem Bildganzen eine Reihe von Einzelszenen komponiert, die alle die eine Gemeinsamkeit zeigen: Sie stellen die in der Wüste lebenden Eremiten vor. Diese halten sich in ihren Behausungen auf oder sind gerade zueinander unterwegs; Engel und Dämonen bewegen sich mitten unter ihnen. Ganz frei erfunden wurden diese

Bilder nicht. Sie sind angeregt von der Beschreibung solcher Mönchsansiedlungen in der alten Literatur. So lesen wir in unserer Vita, Antonios habe »viele dazu gebracht, auch für sich das Leben als Einsiedler zu wählen. Und so entstanden hinfort auch in den Bergen Niederlassungen von Einsiedlern, und die Wüste bevölkerte sich mit Mönchen, die ihr Hab und Gut verließen und Himmelsbürger wurden.« Weiter heißt es: »Es waren aber in den Bergen die Ansiedlungen der Mönche wie Zelte voll göttlicher Chöre. Sie sangen Psalmen, betrachteten das Wort Gottes, fasteten, beteten, waren fröhlich in Erwartung der künftigen Güter, arbeiteten, um Bedürftigen geben zu können: alles in Liebe und Harmonie miteinander. Und man konnte tatsächlich darin gleichsam ein eigenes Land der Frömmigkeit und Gerechtigkeit sehen. (...) Wenn daher jemand die Einsiedeleien und diese ganze Schar der Mönche sah, konnte er ausrufen: ›Wie schön sind deine Wohnungen, Jakob, und deine Zelte, Israel, wie schattenreiche Täler und wie ein Garten am Fluß, wie Zelte, die der Herr aufgeschlagen hat, und wie Zedern am Wasser‹ (Num. 24, 5 f.).«

Dies ist das Werk unseres Heiligen. Sein Beispiel und sein Wort riefen dieses neue Leben in der Wüste hervor. Er ist der Vater dieser ganzen Bewegung. Nun muß allerdings Sehnsucht nach der Wüste nicht unbedingt christlich sein. Auch schwärmerische Alternativkultur könnte sich dafür begeistern, zivilisationsmüde oder verpflichtungsscheue Aussteigermentalität könnte sich dahinter verbergen. Auch die Sehnsucht der französischen Existenzialisten im zweiten Drittel unseres Jahrhunderts richtete sich auf die (allerdings nordafrikanische) Wüste. Vielleicht gibt Paul Claudel gerade dieser Wüstensehnsucht Ausdruck, wenn er in seinem Schauspiel »Der seidene Schuh« Don Camilo sagen läßt: »Dort will ich mir ein Reich schmieden, ein kleines freches Kastell ganz für mich allein zwischen beiden Welten. (...) Für mich allein. Einen kleinen Platz, an dem ich verlorener bin als ein Goldstück in einer vergessenen Truhe.« Den Wüstenmitbewohnern des Antonios geht es nicht um egozentrische Konzentration und Gefangenschaft in der eigenen Person, auch nicht um Flucht vor der Unnatur der Zivilisation einer Epoche, die sich als Spätzeit erlebt, und um Zuflucht zu einem Leben in vermeintlicher Naturnähe. Sie folgen den Spuren ihres Vorbildes, das seinerseits auch nur im Vollzug der Nachfolge Christi seinen eigenen Weg gefunden hat.

Athanasios betont – indem er dem Interesse der antiken Gelehrten folgt, die stets herausfinden wollten, wer jeweils »Erfinder« einer Kunstform oder dergleichen war –, daß Antonios der erste gewesen sei, der die Einsamkeit der Wüste aufgesucht habe. Wüste aber ist nicht nur eine geographisch bestimmbare Region. Das Wort hat auch bereits einen durch lange Tradition geprägten Symbolgehalt.

Wüste bedeutet einmal räumliches wie zeitliches Durchgangsstadium. Vierzig Jahre lang sollte sich Gottes Volk Israel in der Wüste aufhalten, bis es so weit war, das Gelobte Land der Verheißung betreten zu dürfen. Reue über dieses Unternehmen ergriff es schon bald nach dem Aufbruch, als es ans Schilfmeer am Rand der Wüste gekommen war und hinter sich die nachsetzenden Truppen des Pharao sah. Der Gedanke zurück an das Aufgegebene, an die Sicherheit und Bequemlichkeit befiel die Israeliten, und sie sagten zu Mose: »Haben wir dir in Ägypten nicht gleich gesagt: ›Laß uns in Ruhe! Wir wollen Sklaven der Ägypter bleiben.‹ (Ex. 14, 12)« Erst allmählich begriffen sie in der Wüste, daß sie damit das Joch der Sklaverei im Land des Todeskultes abgeschüttelt hatten. In der Wüste empfingen sie durch Mose das Gesetz als neue Lebensordnung, schloß der Herr den Bund mit ihnen und vereinigte sich Gott so mit seinem Volk.

In der Wüste mußte sich Israel aber auch gegen den Feind wehren, der seine Existenz (auch später noch) bedrohte. Diese Feinde Israels waren die Amalekiter. Die Wüste ist der Ort, an dem das Volk begriff, daß der Kampf gegen den »bösen Feind« notwendig ist.

Weil die Wüste Heimstatt des Bösen war, wurde der Sündenbock, dem der Hohepriester die Schuld des ganzen Volkes auflud, zum Wüstendämon Asasel hinausgejagt.

Mit dem Wirken Moses in der Wüste zeigt Antionios' Tätigkeit Gemeinsamkeiten. Durchgangsstadium ist die Wüste immer noch als der Ort, in dem sich der Seele Gottes Himmel öffnen sollen. Antonios weist den Weg und vermittelt durch vielerlei Wunder die Gnade Gottes den Menschen. Mit seinen Reden, Aussprüchen und Briefen ist er für die neue Gemeinschaft Gesetzgeber und Vater. Den Neuen Bund mit dem Alten verknüpfend, spricht er seine Anhänger als »wahre Israeliten« an. Sie leben in der Wüste, als Asketen, um der Knechtschaft der Todverfallenheit zu entgehen und zur Freiheit der Kinder Gottes zu gelangen.

Wie auf den alten Theophanie-Ikonen, welche die Taufe Christi am Rande der Jordanwüste darstellen, beginnt die Wüste zu blühen. Sie wird zum Garten des Heils. AV 14; 15; 44

DER MARTYRER

Antonios hält Kontakt mit seinen Schülern, zieht sich aber immer wieder in die Einsamkeit zurück. Doch auch dort fühlt er sich nicht zu Hause, sondern »seufzt täglich bei dem Gedanken an die Wohnungen im Himmel (Joh. 14,2) vor Heimweh nach ihnen beim Blick auf das eintagsfliegenhafte Leben der Menschen.« Das ist nicht jener pessimistische Grundzug, der in der griechischen Antike trotz aller Sinnenfreude immer vorhanden ist, so daß es statt des Wortes »die Menschen« häufig einfach »die Sterblichen« heißt; das Menschenleben sei vergänglich wie Laub an den Bäumen; gar nicht erst geboren zu sein sei das beste; wenn man aber schon einmal hier leben müsse, dann sei es wünschenswert, bald in den Hades hinabzufahren. Es ist auch nicht der allgemeine, von Zeit zu Zeit epidemisch grassierende Weltschmerz ganzer Generationen, und erst recht nicht die individuelle Verstimmung darüber, daß so manches ganz anders als erwartet ausgefallen ist. Es handelt sich vielmehr um die Einsicht, daß der Christ in dieser Welt nicht zu Hause ist und es sich nicht, als wäre es für immer, heimisch machen und sich einrichten darf.

Mehrmals in seinen Reden weist Antonios seine Schüler darauf hin, daß sie so leben sollten, als würden sie jeden Tag sterben. Loslösen sollen sie sich von der Welt, indem sie sich jeden Tag von neuem – und als wäre es die letzte sich noch einmal bietende Chance – ausrichten auf das Ziel, dem sie zugehen. Der Weg dorthin scheint sich überraschend aufzutun, als neuerlich eine Christenverfolgung hereinbricht: »Als die heiligen Martyrer nach Alexandria verbracht wurden, verließ auch er seine Einsiedelei und folgte ihnen, indem er sagte: ›Gehen auch wir hin, um zu kämpfen, wenn wir dazu berufen sind, oder um die Kämpfenden zu sehen!‹ Zwar sehnte er sich danach, zum Martyrer zu werden, aber sich selbst dem Richter anzeigen wollte er nicht; und so diente er in den Bergwerken und Gefängnissen den Bekennern. Er war beseelt von großem Eifer, vor Gericht die Vorgeladenen in ihrem Todesmut zu bestärken, wenn ihr Fall verhandelt wurde, und, wenn sie zum Martyrium geführt wurden, sich ihrer anzunehmen und an ihrer Seite zu bleiben, bis sie ihren Weg vollendet hatten.

Als der Richter Furchtlosigkeit und Eifer des Antonios und seiner Gefährten sah, gab er bekannt, daß keiner der Mönche mehr im Gerichtssaal erscheinen oder überhaupt sich in der Stadt aufhalten dürfe. Da dachten die anderen alle, es sei das beste, sich an jenem Tag nicht sehen zu lassen. Antonios aber kümmerte sich nicht darum; im Gegenteil, er wusch sein Gewand und stellte sich am folgenden Tag vorne auf einen erhöhten Ort und suchte dem Richter aufzufallen. Alle staunten darüber. Auch der Richter sah es; und als er mit seiner Garde vorbeischritt, stand Antonios unbeweglich da und drückte so den Todesmut von uns Christen aus; denn auch er wünschte sich, wie ich oben schon gesagt habe, durch das Martyrium Zeugnis abzulegen. Daher sah man ihm den Kummer darüber an, daß er kein Martyrer wurde.« Er blieb in Alexandria und half weiterhin den Verurteilten. Erst nach dem Ende der Verfolgung ging Antonios weg und begab sich wieder zurück in seine Einsiedelei.

Das Opfer seines Lebens wird also nicht angenommen. Damit zeichnet sich aber dieses Leben als Vorbild für die folgende Zeit ab. Bisher galt das Martyrium als die Krönung christlicher Existenz, und zeitweise war es geradezu selbstverständlich, mit diesem Tod rechnen zu müssen. Unter den geänderten Verhältnissen setzt sich nun die Überzeugung durch, daß das ganze Christenleben Sterben im Martyrium sein kann. Es reicht, das eigene Kreuz anzunehmen. Man darf sich nicht nach dem Kreuz des anderen drängen, weil dieses verlockender erscheint. So sehen wir Antonios in die Wüste zurückkehren.

»Dort unterzog er sich tagtäglich dem Martyrium vor seinem Gewissen und den Kämpfen um den Glauben. Denn noch mehr und rigorosere Askese wandte er an: er fastete immer; er trug ein Gewand, das inwendig aus Haaren und außen aus Fell bestand und hielt es so bis zu seinem Tod; er badete seinen Körper nicht im Wasser, um ihn zu säubern, und nicht einmal die Füße wusch er oder mutete sich auch nur zu, ins

Wasser zu steigen, außer notgedrungen; niemand hat
ihn unbekleidet gesehen, und überhaupt nur als er gestorben war und man ihn bestattete, wurde sein Leib
nackt gesehen.«

Nicht mehr versucht er, weiß und sauber gekleidet
eingereiht zu werden in »das strahlende Heer der
Martyrer« [1]. Geradeso als verurteile er sein Verlangen
danach nun als Vermessenheit, will er jetzt ganz un-
scheinbar und unansehnlich werden. Wie in streng-
ster Buße lebt er gehorsam der Zurückweisung.

AV 45-47

PARADIES

Die Bitten der Besucher empfindet Antonios als Belä-
stigung, er weist die Leute ab. Doch der Leidens-
druck der Menschen ist so groß, daß sie dennoch
bleiben. »Weil er die Tür nicht öffnete, pflegten sehr
viele Leidende draußen vor seiner Einsiedelei sich
nur einfach niederzulassen und wurden wegen ihres
Glaubens und ihres aufrichtigen Gebetes gereinigt.«
Es geschieht ihnen wie den Pilgern, die von Altären
mit den Reliquien der Martyrer wunderbare Hilfe er-
hoffen. Doch dem Martyrer seines Gewissens ist
auch dies zu viel. »Er fürchtete, daß wegen der Wunder, die der Herr durch ihn vollbrachte, entweder er
selbst stolz werden oder jemand anders ihn unange-
messen hoch einschätzen könnte.« Deshalb be-
schließt er, wegzuziehen in die Obere Thebais, wo ihn
niemand kennt. Während er am Ufer des Flusses auf
ein Schiff wartet, das ihn mit hinaufnimmt, hört er

eine Stimme von oben ihn nach Ziel und Grund seiner Reise fragen. Auf seine Antwort, daß ihn die vielen Störungen überforderten und er Ruhe haben wolle, werden ihm für die Obere Thebais nur noch mehr Belästigungen verheißen; wenn er wirklich allein sein wolle, müsse er in die innere Wüste hinaufgehen. Sein ratloser Hinweis, daß er den Weg dorthin nicht kenne, wird mit der Ankündigung einer sich nähernden Handelskarawane beantwortet. Mit den sarazenischen Kaufleuten zieht er in drei Tagen durch die Wüste vom Nil nach Osten hinüber zum Roten Meer bis zum Berg Kolzim.

Dort findet er eine Quelle und ein paar wilde Dattelpalmen. Der Ort gefällt ihm; es ist der, den die Stimme am Flußufer gemeint hat. Hier fühlt er sich zu Hause und bleibt allein zurück. Anfangs wird er von den Sarazenen, die in Anhänglichkeit immer wieder diesen Weg nehmen, mit Brot versorgt. Bald spricht sich auch bei den Mönchsbrüdern sein Aufenthaltsort herum, und »wie Kinder, die an ihren Vater denken«, schicken auch sie ihm Brot. Als er aber sieht, daß dies für einige beschwerlich wird, will er es ihnen ersparen. Er bittet um eine Feldhacke, ein Beil und etwas Saatgetreide. In der Umgebung des Berges findet er eine geeignete Stelle für ein kleines Saatfeld. Jetzt zieht er Jahr für Jahr sein eigenes Brotgetreide heran, »voll Freude darüber, daß er darum niemand mehr belästigen muß und er selbst in allem unbeschwert leben kann.« Um seine Gäste bewirten zu können, baut er auch etwas Gemüse an.

Bei dieser Lebensweise bleibt er nun, solange er noch lebt, und daran erinnern sich auch seine Besucher.

Jahre später finden sich am Jahrtag seines Todes einige seiner Anhänger ein, um seiner an dem Ort zu gedenken, an dem er gelebt hat, und ihm zu Ehren eine Nachtwache zu feiern. Der heilige Hieronymos überliefert uns jene Szene, wie die Besucher nach einem dreitägigen Weg durch trostlose und öde Wüste dann alles so vorfinden wie zu Antonios' Lebzeiten. Dort sprudeln am Fuß des Berges die Quellen, dort stehen die Dattelpalmen, hier die Bäume, die er selbst gepflanzt hat, die Rebstöcke, das Gemüsegärtlein, der Teich ist da, den er zur Bewässerung angelegt hat, auch die Hacke ist noch vorhanden ...

Athanasios berichtet, daß Tiere der Wildnis hierher zur Tränke kamen und dabei oft das neukultivierte Land beschädigten. »Da hielt Antonios eines der Tiere, ohne ihm wehzutun, fest und sagte zu allen: ›Warum fügt ihr mir Schaden zu? Ich tue euch ja auch nichts. Macht euch fort, und – im Namen des Herrn – kommt hier nicht mehr heran!‹ Und von da an näherten sie sich diesem Ort nicht mehr, als respektierten sie seinen Befehl.«

Die Erfahrung, daß dem, der ganz zu sich selbst gefunden hat, weil sein Wollen identisch geworden ist mit dem Willen Gottes, auch die unvernünftige Kreatur gehorcht, weil er mit allem eins ist – diese Erfahrung begegnet uns in vielen Texten aus dem Umkreis der Wüstenväter. Bei Euthymios dem Großen heißt es, wenn Gott einem Menschen einwohne, dann seien diesem alle Wesen untertan, so wie sie sich gegen Adam verhalten haben, bevor er Gottes Gebot übertrat. Abba Paulos sagt dasselbe: »Wenn jemand die Lauterkeit erlangt hat, dann ist ihm alles untertan wie dem Adam im Paradies vor dem Sündenfall.« In einem Ausspruch des heiligen Antonios[2] hören wir Ähnliches.

Dieses Stück Paradies auf Erden ist nicht einfach Natur und der Paradieseszustand nicht einfach Einswerden mit der Natur. Gott ist nicht identisch mit der Natur. Der Mensch ist auf verschiedene Weise »Kind« der Natur und »Kind« Gottes. Daß die Natur ihn hervorbringt, ist offensichtlich und unbestreitbar. Daß der Mensch Kind Gottes ist, wird nicht so unbestreitbar evident. Es zeigt sich derselbe Unterschied wie im Verhältnis des Kindes zur Mutter und zum Vater. Die Mutterschaft ist unbestreitbar. Mit der Vaterschaft verhält es sich anders. Sie entdeckt sich nicht auf gleiche Weise von selbst. Der Vater nimmt das Kind auf andere Weise an als die Mutter. Erst dadurch, daß er sich liebend zum Kind bekennt und die Mutter dies bezeugt, entsteht die Beziehung zwischen Vater und Kind. Von Gott kann nur metaphorisch, in Bildern, gesprochen werden; und wenn der Mensch Gott seinen Vater nennt, so verwendet er, um sich ausdrücken zu können, das Bild, daß Gott den Menschen als sein Kind angenommen hat und daß der Mensch dieser Zusicherung Gottes, er sei sein Vater, gläubig vertraut. So ist die Rückkehr ins Paradies zwar Rückkehr zum Ursprung, aber nicht einfach ein Zurück zur Natur. Paradies ist vielmehr die Rückkehr zum Vater-Gott. Dies ist kein Rückschritt. Regressus in die Unmündigkeit zurück wäre es eher, sich einsinken zu lassen in eine als Allmutter erfühlte Natur. Daß der Mensch »Kind« Gottes als seines geistigen »Vaters« ist, erkennt er, je mehr er dem Haus und der Autorität seines leiblichen Vaters entwächst, je deutlicher er den Sinn seines Lebens findet, je erwachsener er wird. Dies ist die für sein Leben grundlegende Wahrheit. Ganz »Kind«, Geschöpf Gottes im Zusammenhang der Schöpfung, wieder geworden zu sein, nennt Christus als die Voraussetzung, ins Himmelreich einzugehen. Der neue Adam betritt das Paradies.

Im Leben des heiligen Antonios ist diese Paradies-Oase in der Wüste nicht ungefährdet. Dämonen drängen immer noch heran, erzeugen Unruhe, führen Krieg. Aber so wie Antonios die Schlangen und die Tiere der Wildnis dazu bringt, seine Wohnstatt in Ruhe zu lassen, so gibt er auch den dämonischen Mächten nicht Raum bei sich. Das Paradies – das in ihm und das um ihn – bleibt, endlich erkämpft, sein.

AV 48–53

WUNDER

»Mit den Leidenden litt er mit und betete gemeinsam mit ihnen. Oft und in vielem erhörte ihn der Herr. Wenn er erhört wurde, rühmte er sich nicht, und wenn er nicht erhört wurde, murrte er nicht, sondern immer dankte er dem Herrn. Er bat die Leidenden, Geduld zu haben und zu verstehen, daß die Heilung weder von ihm noch überhaupt von den Menschen ausgeht, sondern allein von Gott, der sie vollbringt, wann er will und an wem er will. Die Leidenden nahmen schon die Worte des Greises wie Heilung auf und lernten, nicht kleinmütig, sondern tapfer zu sein. Den Geheilten aber wurde zu verstehen gegeben, daß sie nicht Antonios, sondern Gott allein zu danken hätten.«

Mit diesen Heilungen ersteht dasselbe Bild vor unseren Augen, an das Jesus (Mat. 11,2–6) erinnerte, als er von den Blinden, die wieder sehen, von den Lahmen, die wieder gehen, von den Tauben, die wieder hören, und von den Armen, denen frohe Botschaft verkündet wird, sprach – als Antwort auf die Anfrage Johannes des Täufers aus dem Gefängnis heraus: »Bist du es, welcher kommen soll?« Die Antwort Jesu war kein rätselhafter Orakelspruch. Jeder wußte, daß er Worte des Propheten Jesaia gebrauchte, mit denen der Anbruch des messianischen Reiches verheißen ist. Die Wunder dienen nicht nur zur Beglaubigung dafür, daß die Gottesherrschaft angebrochen ist. Sie sind selbst Bestandteil dieser Wahrheit. Im Bild der Geheilten wird die neue Heilswirklichkeit sichtbar.

Wieder und wieder betont Antonios, daß das Verdienst an den Wundern nicht ihm zukomme, sondern allein Gott, und daß nur der Glaube an Gott und das Gebet das Wunder ermöglichten. Allerdings ist dieses Gebet das eines Heiligen. Und wird das Wunder nicht erst dadurch möglich, daß zwischen die Bitte des um Heilung flehenden Kranken und Gott der Heilige tritt, der einerseits verständnisinnig mitleidend Heilung vermitteln will und andererseits seinen eigenen Willen vollständig im Willen Gottes aufgehoben hat? Er befiehlt also nicht – »eigenwillig« – das Wunder, sondern Gott kann durch ihn wirksam werden. So wie er die Heilung von oben vermittelt, lenkt er demütig die Danksagung empor.

Durch ihn wird offenbar, daß Gott über die Natur Herr ist. Hierin gleicht Antonios dem Elija, der die Ohnmacht der Baal-Priester offenbar gemacht hat. Darauf, daß Elija (1 und 2 Kön) Antonios ein Vorbild war, weist Athanasios ausdrücklich hin: »Auch an den Ausspruch des Propheten Elija dachte er: ›So wahr der Herr lebt, vor dem ich heute stehen werde.‹ Er bemerkte nämlich, daß Elija ›heute‹ sagte und so nicht die vergangene Zeit erwog; nein, als ob er immer von vorne anfangen müsse, bemühte er sich an jedem Tag, der zu werden, der er in den Augen Gottes sein mußte: lauter im Herzen und bereit, dem Willen Gottes zu gehorchen und keinem anderen. Er sagte sich, der Asket müsse seine eigene Lebensweise immer als ein Spiegelbild von der des großen Elija begreifen.«

Tatsächlich sah man vor allem in Elija (neben Elischa und Johannes dem Täufer) einen Vorläufer der christlichen Asketen, ja den »Begründer jeglicher Askese«. Elija begab sich in die Wüsteneinsamkeit, um Gott zu finden. In der Wüste erfuhr er die typische Versuchung aller Eifrigen, am Sinn aller Bemühungen zu verzweifeln.[3] Getröstet und gespeist von einem Engel, erhob er sich wieder und wanderte zum Gottesberg Horeb. Dort offenbarte sich ihm Gott; und zwar begegnete er ihm nicht »im Sturm« und nicht »im Erdbeben«, sondern in sanftem, leisem Wehen. Die Parallelen zum Antoniosleben sind leicht zu erkennen. Wie Athanasios weiterhin zeigen wird, tritt Antonios ebenso bestimmt wie Elija als Verteidiger des richtigen Glaubens an Gott auf und verkehrt ohne Schüchternheit mit weltlichen Machthabern.

Elijas Entrückung im feurigen Wagen – ist nicht auch dieses Bild noch Vorbild für die helle Freude des sterbenden Antonios, für den Wegfall der Erdenschwere und den Aufstieg der Seele in die Sphäre des Göttlichen? Als Engel in Menschengestalt sah das späte Judentum Elija, und die Kirche besingt Antonios als »Engel auf Erden und Mensch im Himmel«. Aufgabe des Propheten ist es, Gesetz und Gebote zur Geltung zu bringen. Dem Menschen Gottes des Neuen Bundes ist aufgegeben, sich zu beteiligen an der Verwirklichung der Erlösung für die gefallene und verdunkelte Schöpfung, an ihrer Umschaffung und Vergöttlichung.

Antonios ist am liebsten allein auf dem Berg; aber er verläßt ihn, um denen, die ihn brauchen, Zuspruch zu bringen. Störung und Unruhe sind ihm eine Last; aber er befaßt sich mit den Anliegen seiner Besucher. Es zeigt sich dabei, daß tätiges und kontemplatives Leben keine Gegensätze sind, die sich ausschließen. Es sind die gegensätzlichen Pole einer Einheit: die zwei Seiten des Lebens. Wer ganz zu sich gekommen ist, kann sich ganz und ohne sich zu verlieren dem Nächsten, der Welt, zuwenden: der Tätigkeit in der Welt oder dem Bitten für die Welt. In diesem Sinn bei sich zu sein ist Voraussetzung so gegensätzlicher und so sich ergänzender Möglichkeiten: Da ist der heilige Nikolaus, dessen Leben in Amt und Würden mitten in der Welt ein einziges Wunder an Zuwendung und Freigebigkeit ist (ein Zeitgenosse des Antonios); und im nächsten Jahrhundert lebt Symeon auf der Säule sein Leben extremer Zurückgezogenheit und extremen Ausgesetztseins, eine Existenz, die anscheinend vollkommenes Leidwesen ist, bestehend aus Entsagung und Reue – und zu dessen Säule Tausende pilgern, die Mutter des Heiligen ebenso wie die Verbrecher, um im Schatten seiner heiligen Ruhe Heil und Ruhe zu finden. Niemand geht ohne Segen von dannen.

An Antonios schreiben die Kaiser[4] wie an einen Vater. Richter und Armeegeneräle sprechen vor. Ihnen allen erteilt er seinen Rat. Für ganz Ägypten wirkt er wie ein von Gott gesandter Arzt. Er vertreibt Dämonen und lehrt, wie man ihren Nachstellungen entgeht. Er tröstet die Betrübten und Trauernden, besänftigt die Zornigen, begeistert zu maß- und zuchtvoller Lebensführung.

Allen, die ihm im Leben begegnen, verhilft er zu Heilung. AV 56–64; 81–88

VISIONEN VOM SEELENAUFSTIEG

»Als Antonios gerade essen wollte und sich um die neunte Stunde (d. h. gegen fünfzehn Uhr) zum Beten erhoben hatte, fühlte er sich im Geist entrückt, und was das seltsamste ist, während er dastand, sah er, wie er gleichsam außerhalb seiner selbst trat und von einigen Wesen in die Luft emporgeführt wurde. Dann sah er irgendwelche feindseligen und fürchterlichen Gestalten in der Luft stehen, die ihn am Weiterkommen hindern wollten. Aber die ihn emporführten, widerstanden ihnen, und da verlangten jene Rechenschaft, ob er ihnen nicht verfallen sei. Als sie nun mit der Überprüfung von seiner Geburt an beginnen wollten, verhinderten dies seine Wegführer durch ihren Einspruch: ›Die Schuld seit seiner Geburt hat der Herr getilgt. Rechenschaft dürft ihr nur fordern über die Zeit, seit er Mönch geworden ist und sich Gott geweiht hat.‹ Da beschuldigten sie ihn, mußten aber den Beweis schuldig bleiben, und so gaben sie ihm den Weg wieder ohne Behinderung frei. Sofort sah er sich gleichsam zurückkehren und wieder zu sich kommen und war wieder ganz Antonios. Auf das Essen hatte er da ganz vergessen, er verbrachte den Rest des Tages und die ganze Nacht unter Seufzen und Beten. Denn er war bestürzt, weil er sah, gegen wie viele Feinde wir kämpfen müssen und wie viele Anfeindungen man beim Aufstieg durch die Luft zu bestehen hat. Und er dachte daran, daß dies der Apostel (Eph. 2,2) meint mit den Worten: ›Unter der Herrschaft jenes Geistes, der im Bereich der Luft regiert.‹ Denn darin liegt die Macht des Feindes: zu kämpfen und zu versuchen, uns am Durchkommen zu hindern. Deshalb mahnte der Apostel ganz besonders: ›Legt die Rüstung Gottes an, damit ihr am Tag des Unheils standhalten könnt! (Eph. 6,13). So wird der Gegner beschämt und kann nichts Schlechtes über uns sagen (Tit. 2,8).‹ Wenn wir dies verstanden haben, wollen wir an die Worte des Apostels (2 Kor. 12,2–4) denken: ›Ob (mir) dies im Leibe, ob außer dem Leibe geschah – ich weiß es nicht; Gott weiß es.‹ Paulus wurde in den dritten Himmel entrückt, und nachdem er unnennbare Worte gehört hatte, kehrte er zurück. Antonios sah sich in die Luft entrückt und kämpfen, bis er freikam.«

Er ist weit davon entfernt, sich darüber zu freuen, daß

sein tägliches Martyrium gleichrangig ist mit der Folterung durch die Christenverfolger, indem es die vorher aufgehäufte Lebensschuld tilgt. Er wird mit Erschrecken gewahr, daß er auch mit dem Tod noch nicht am Ziel aller Wege angekommen ist. Der lebenslange Aufstieg zu Gott verdichtet sich in dem geschauten Bild zum Emporschweben der Seele. Ob sie diesen Weg wird nehmen können, hängt vom Ergebnis der Rechenschaftslegung ab.

Noch ein zweites Mal sieht Antonios in einer Vision, was der Seele bevorsteht: »Einmal war es mit einigen Besuchern zu einem Gespräch gekommen über den Zustand der Seele nach dem Tod und über den ihr dann bestimmten Ort. In der Nacht darauf rief jemand von oben mit den Worten: ›Stehe auf, gehe hinaus und sieh!‹ Also ging er hinaus – er wußte nämlich, auf welche Eingebungen er zu hören hatte – und sah nach – und sah jemand Riesengroßes, Unförmiges und Fürchterliches dastehen, der bis zu den Wolken aufragte, und sah Wesen wie im Besitz von Flügeln aufsteigen, und (er sah,) wie jene Gestalt die Hände ausstreckte und wie die einen von ihr aufgehalten wurden, wie die anderen aber über sie emporflogen und, einmal durchgekommen, dann, ohne daß ihnen ein Leid geschah, aufstiegen. Ihretwegen knirschte jener Riese mit den Zähnen, und über die Abstürzenden freute er sich. Und sogleich wurde Antonios zugesprochen: ›Begreife, was du gesehen hast! (Dan. 9,23)‹ Und weil ihm die Augen geöffnet wurden, begriff er, daß dies das Hinübergehen der Seelen ist, und der Riese, der dasteht, ist der Feind mit seinem Neid auf die Glaubenstreuen; über die ihm Verfallenen wird er Herr und hindert sie am Durchkommen; derer aber, die ihm nicht gehorchten, kann er sich nicht bemächtigen, und die steigen an ihm vorbei nach oben.«

Im Anschluß an die zweite Vision erwähnt Athanasios nicht mehr nur die Bestürzung des Antonios, sondern teilt mit, daß er nun noch mehr als vorher bemüht war, »täglich noch weiter voranzukommen auf das zu, was vor uns liegt (Phil. 3, 13).« Dies also ist die Lehre, die er aus den beiden Visionen zieht: Im Leben, »heute«, an jedem einzelnen Tag muß er seine Entscheidung fällen. Jeden Tag spricht er seiner Seele das Urteil. Am Ende des Lebens *wird* nicht entschieden, da *ist* bereits entschieden – und dieses letzte Heute ist die Ewigkeit. AV 65–66

DER THEOLOGE

Einmal noch sehen wir Antonios seinen Berg verlassen. »Gerufen von den Bischöfen und den Brüdern allen« begibt sich der über Achtzigjährige nach Alexandria. Was ist geschehen?

Antonios greift ein in den großen Glaubensstreit, der die Kirche im vierten Jahrhundert erschüttert und der von Ägypten ausgeht und dort auch am heftigsten geführt wird. Der Libyer Arius, Priester in Alexandria, lehrt, daß der Sohn Gottes nicht wesenhaft Gott ist. Nur Gott der Vater sei anfanglos, ewig, ungeschaffen und unveränderlich, immer ein- und derselbe; das heißt, daß der »Sohn« nur Geschöpf des Vaters sein könne, als solches zwar bevorzugt und alle anderen

Geschöpfe überragend, aber nicht gleichen Wesens mit dem Vater.

Man erkennt die Sorge des Arius um die Einheit Gottes, aber auch seinen Versuch, mit rationalem Begreifen und mit menschlicher Vorstellung von Zeit und Reihenfolge in der Zeit den Hervorgang des Sohnes (und des Geistes) aus dem Vater zu erklären. Dieses Problem, mit dem Licht der endlichen Vernunft das unendliche Mysterium nicht ausleuchten zu können, ist zeitlos, und die Antworten wiederholen sich. Ein später »Ketzer« formulierte »sein Verhältnis zur orthodoxen Trinitätslehre mit den Worten: ›Ich glaubte an Gott und an die Natur und an den Sieg des Edlen über das Schlechte; aber (...) ich sollte auch glauben, daß drei eins sei und eins drei; das aber widerstrebte dem Wahrheitsgefühl meiner Seele.‹ «[5] Damit ist das Mysterium des dreipersönlichen Gottes reduziert aufs rational Faßliche.

Obwohl die Lehre des Arius von mehreren Kirchenversammlungen verworfen wurde, endete der Streit nicht, weil seine Anhänger nicht nachgeben wollten. Die Kontroverse um die Bedeutung des Wortes »Sohn« Gottes mußte durchgefochten werden. Athanasios ergriff heftig Partei gegen die Arianer, und auch Antonios lehnt den Umgang mit ihnen ab. Zu der Zeit, als Antonios sich wieder in Alexandria aufhält – wohl 337 –, lebt Athanasios in Verbannung. Die Vita berichtet:

»Antonios lehrte, daß der Sohn Gottes kein Geschöpf ist und auch nicht aus dem Nichts hervorgegangen ist, sondern ›Logos‹ und ›Sophia‹[6] sind ewig vom Wesen des Vaters. Daher ist es auch gottlos, zu

53

lehren: Es war einmal[7], da war er (der Sohn) noch nicht. Denn immer ist der Logos zugleich mit dem Vater da. Habt also keine Gemeinschaft mit den ganz gottlosen Arianern! Das Licht hat ja mit der Finsternis nichts gemeinsam (2 Kor. 6,14). Denn ihr seid Christen, weil ihr rechtgläubig seid; jene aber mit ihrer Rede, der Logos und Sohn Gottes aus dem Vater · sei ein Geschöpf, unterscheiden sich in nichts von den Heiden; denn sie verehren das Geschöpf an Stelle des Schöpfergottes (Röm. 1,25). Glaubt mir: Auch die ganze Schöpfung ist empört über sie, daß sie den Erschaffer und All-Beherrscher, in dem alles erschaffen ist, – daß sie also diesen zu den Geschöpfen zählen.‹ Die Leute freuten sich alle, als sie hörten, wie die christusfeindliche Häresie durch einen so bedeutenden Mann verworfen wurde.« Auch hier wirkt Antonios Wunder und gilt auch unter den Heiden als »Mensch Gottes«, so daß viele sich bekehren. Schließlich aber »freute er sich, abreisen zu können zum Berg, gewissermaßen nach Hause.«

Aber die Ereignisse in Alexandria verfolgen ihn bis dorthin. In Visionen sieht er, was in Ägypten vor sich geht, und einmal wird ihm so die Fortdauer des Arianismusstreites gezeigt: Er fiel in Ekstase und stöhnte häufig während der Vision. Dann kniete er betrübt und zitternd nieder und betete lange. Als er aufstand, weinte er. Man bestürmte ihn, er solle sprechen. »Er seufzte tief und sprach: ›Kinder, besser wäre es, zu sterben, bevor das geschieht, was mir in der Vision gezeigt wurde. (…) Zorn ist schon dabei, über die Kirche herzufallen, und sie soll Menschen ausgeliefert werden, die wie vernunftloses Herdenvieh sind.

Denn ich sah den Altar des Gotteshauses, und Maulesel umringten ihn von allen Seiten und schlugen aus gegen das Innere ihres Kreises nach Art der Huftritte ungeordnet umherspringender Tiere. Mein Stöhnen habt ihr gewiß bemerkt; denn ich hörte eine Stimme sagen: ›Gegenstand des Abscheus wird mein Opferaltar werden.‹«

Zwei Jahre später zeigte sich dann, daß das Ausschlagen der Maulesel um den Altar den sakrilegischen Umgang der Arianer mit Kultgegenständen und Liturgie bedeutete. Antonios hatte gleich nach der Vision die Zuhörer davor gewarnt, sich auf die Irrlehre einzulassen: »Nicht die Lehre der Apostel ist dies, sondern die der Dämonen und ihres Vaters, des Teufels; oder besser noch: eine unfruchtbare Lehre ist es, eine vernunftlose ohne rechten Verstand – wie die Unvernunft der Maulesel.«

In dem Streit um die Wesensgleichheit des Sohnes (und des Geistes) mit dem Vater geht es also um die Klärung eines zentralen theologischen Problems. Dieses steht in engem Zusammenhang mit Antonios' Verständnis des christlichen Lebens. Der Mensch soll zum Leben aus dem Geist gelangen. Der GEIST Gottes aber wird durch das WORT mitgeteilt, durch den LOGOS, den SOHN, der vom VATER ausgeht. Deshalb muß Christus Gott sein – und ist zugleich Mensch. So vermittelt er durch seine Person: Gott zum Menschen und den Menschen zu Gott. AV 67–71; 82

Als sei es das Selbstverständlichste auf der Welt, führt Antonios nach seiner Rückkehr auf den Berg dreimal Gespräche mit heidnischen Intellektuellen, »griechischen Philosophen« in der Sprache der Zeit. Ist er in Alexandria mit theologischem Sachverstand hervorgetreten, so läßt er sich nun im Gespräch mit seinen Besuchern auf die Auseinandersetzung mit der Weltweisheit ein. Wie kann er das? Er ist ohne Schulbildung. Er beherrscht nicht einmal die Bildungssprache des ganzen Ostens, das Griechische. Nie hat er sich in Alexandria – doch eines der geistigen Zentren der Spätantike! – für den dortigen Wissenschaftsbetrieb interessiert.

Und mit einem wie selbstverständlich klingenden Satz leitet Athanasios in seiner Darstellung diesen Abschnitt ein: »Auch sehr klug war er, und erstaunlicherweise begriff er, obwohl ohne Schulbildung, genau und umfassend.«

Als erste kamen »zwei heidnische Philosophen und meinten, sie könnten Antonios auf die Probe stellen. Er fragt sie: ›Warum, ihr Philosophen, quält ihr euch zu mir einfältigem Menschen her?‹ Auf ihre Antwort, er sei nicht einfältig, sondern sogar sehr klug, erwidert er ihnen: ›Wenn ihr nun zu einem einfältigen Menschen gekommen seid, dann ist euere ganze Mühe umsonst gewesen. Wenn ihr aber meint, ich sei klug, dann werdet wie ich. Das Gute muß man ja nachmachen. Wenn ich zu euch gekommen wäre, dann hätte ich euch nachgeahmt. Da aber nun ihr zu mir gekommen seid, so werdet wie ich. Ich bin

Christ.‹ Verwundert zogen sie ab;« denn sie waren mit den Waffen ihrer eigenen Disputationskunst geschlagen worden.

Die nächsten, die kamen, meinten, sie könnten sich über seine Unbildung lustig machen. »Sie fragte er: ›Was, meint ihr, ist zuerst da: der Verstand oder die Bildung aus Büchern? Und was ist wovon die Ursache: der Verstand Ursache der Bildung oder die Bildung Ursache des Verstandes?‹ Als sie antworteten, zuerst sei der Verstand da, und die Bildung sei erst seine Erfindung, sprach Antonios: ›Wer selbst bei gutem Verstand ist, hat demnach Bildung nicht nötig.‹ (…) Sie gingen fort und staunten darüber, daß sie soviel Klugheit an einem gewöhnlichen Menschen sahen. Und es hatte ja auch sein Verhalten nichts Plumpes an sich, wie (man es erwarten würde) bei jemandem, der auf einem Berg lebt und dort alt geworden ist; nein, gewinnend und freundlich war er (…), so daß alle, die ihn besuchten, sich über ihn freuen konnten.«

Die nächsten, die sich einstellten, hebt Athanasios besonders hervor: sie seien bei den Heiden in dem Ruf gestanden, Weise zu sein. »Sie wollten ihn zur Rede stellen hinsichtlich unseres Glaubens an Christus. Sie unternahmen spitzfindige Disputationen über die Botschaft vom göttlichen Kreuz und wollten sich einen Spaß machen.« So enthält die Erwiderung durch Antonios [8] Darlegungen zu dem fundamentalen Gegensatz zwischen dem Christentum und der heidnischen Religiosität. Die Situation erinnert auf eine merkwürdige Weise an eine Szene in der Apostelgeschichte (17, 18–34). Sie spielt sich in der

Mutterstadt aller griechischen Bildung, in Athen, ab und zeigt deutlich das Unverständnis der gebildeten Griechen. Der Apostel Paulus nämlich hält auf dem Areopag eine Rede und spricht über die Welterschaffung durch Gott, über die Gottähnlichkeit des Menschen, über die Geistigkeit Gottes, über das neue Evangelium und das kommende Weltgericht, und alle hören interessiert zu – bis er die Auferstehung Christi erwähnt. Da läßt man ihn mehr oder weniger höflich allein.

Auf dem Antoniosberg sind die Rollen vertauscht: Die Heiden aus ihrer Metropole Alexandria haben bereits etwas gehört, fast so als kämen sie unmittelbar von der Areopagrede in Athen, und sie versuchen nun ihrerseits, den christlichen Glauben zu widerlegen. Paulus ist in die Offensive gegangen, Antonios tritt auf als Verteidiger, als Apologet. Beide Male aber hören die Heiden eine Rede über den ihnen unbekannten Gott, und beide Male ist die Rede von dem gleichen Mysterium; denn Kreuzestod und Auferstehung werden in der alten Kirche zusammengedacht. Wer sich dem Glauben an die Auferstehung verschließt, für den bleibt das Kreuz, das für die Christen zum Siegeszeichen wird, Ärgernis und Torheit. Aber anders als die Athener von Paulus verabschieden sich die Zuhörer des Antonios nicht mit der Ausflucht: »Darüber wollen wir dich ein andermal hören.« Sie umarmen ihn und gestehen ihm ein, daß seine Worte für sie hilfreich waren.

Antonios verkündet in seiner Rede das Kreuz, so wie er im Namen des Kreuzes auch die Dämonen vertreibt und Wunder wirkt. Wie Mose in der Wüste die kupferne Schlange aufgestellt hat – als Lebenszeichen – so errichtet Antonios das Kreuz. Dieses ist die eine Komponente seiner Theologie. Aus den Briefen wird eine zweite deutlich: Durch den Tod Christi wurde die Schöpfung von ihrer Todesverfallenheit erlöst. Die Welt geht bereits ein in den mystischen Leib des Auferstandenen und in das neue Leben. So wird, weil Christus Gott ist und Mensch geworden ist, in Christus der Mensch vergottet.

Als geisttragende Geschöpfe sind die Menschen in Gottebenbildlichkeit geschaffen. Schon im Urzustand wußten sie infolge natürlicher Gnade die Möglichkeit, gemäß dem Willen Gottes zu leben. Aber ihrer Sünde zufolge verdunkelte sich das Bild ihrer Gottähnlichkeit. Der ursprüngliche Bund war gebrochen. Da wandte sich Gott mit einem neuen Heilsangebot an sie (in der Sprache der Briefe: Gott hat sie heimgesucht): Er gab ihnen durch Mose Gesetze zu deutlicherer Orientierung und schickte die Propheten, die unablässig zur Gesetzestreue mahnten. Aber das Volk Gottes fiel wieder ab. Deshalb sandte Gott zuletzt seinen Sohn, daß er durch seinen Tod die Sünde der Welt hinwegnehme. In diesem Dreischritt der Zuwendung Gottes sieht Antonios die göttliche oikonomia, den Heilsplan.

Der Mensch kann sich nicht selbst erlösen; aber er muß die Erlösung für sich wirksam machen. Gnade wirkt nicht automatisch, der Wille des Menschen muß mit ihr zusammenwirken. So wird durch den Willensentschluß des Menschen der »Aufstieg« als Annäherung zu Gott möglich. Diesen Weg lehrt Antonios aber nicht nur mit Worten, sondern durch sein

Leben. Die erste Etappe, die bewältigt werden muß, ist die Reinigung von den »Leidenschaften«. Dies sind die irrationalen Antriebe im Menschen. Sie können verhindern, daß er das für richtig Erkannte umsetzt in sein Leben. Sie können den Willen des Menschen, der auf ein vernünftiges Ziel gerichtet ist, vom eindeutigen Kurs ablenken. Zorn zum Beispiel, vom Philosophen Aristoteles zu den Tugenden gerechnet, wenn er im rechten Maß auftritt, gilt den Wüstenvätern als eines der Hauptübel. Man darf sich auch nicht mit den späteren Definitionen dem nähern, was in dieser Frühzeit »Leidenschaften« (pathe) genannt wird. Bei uns ist man – wohl seit der Epoche des »Sturm und Drang« – geneigt, Leidenschaftlichkeit mit Genie und Persönlichkeit gleichzusetzen. Hier aber ist »Leidenschaft« der Sammelname für alle Triebe im Menschen, die durch die dämonischen Einflüsterungen geistlos und damit destruktiv wirken können. Die Radikalität, mit der die Asketen in ihrem Leben alles abtun, um »den Lohn im Himmel« zu erhalten, kann nicht zur Norm für alle werden. Aber je mehr der Mensch von sich fordert, desto sorgfältiger wird er darauf bedacht sein, sich selbst von Störendem und Ablenkendem freizuhalten. Das kämpferische Training des Durchhaltewillens ist die Askese. Ihr Ziel ist die Herrschaft des Geistes im Menschen, apátheia (Leidenschaftslosigkeit), hesychía (Ruhe) – Friede also. Johannes Klimakos führt in der 29. Stufe seiner »Leiter« (zum Paradies) aus, daß der Seelenfriede (als höchste Stufe der Vollkommenheit auf Erden und Neugeburt des Menschen vor der Auferstehung) *Himmel in uns* ist;

und unter den Beispielen von Menschen, die zu solcher Höhe aufgestiegen sind, erwähnt er auch Antonios als den »Ägypter mit dem Ausspruch, er fürchte den Herrn nicht«[9].

Allmählich gelangt der Mensch zu demütiger Selbsterkenntnis. Damit ist nicht nur realistische Einschätzung seines Zustandes der Unvollkommenheit gemeint. Es ist der erleuchtete Blick auf die ganze Schöpfung, und die wird zum Buch, in der sich Gottes Handschrift entziffern läßt: seine Weisheit, seine Güte, seine Vorsehung, seine Liebe ... In Harmonie mit allem Geschaffenen zu leben bedeutet dann ja bereits, sich in Gottes Ordnung zu fügen. Deshalb lehnen die Wüstenväter die Buchgelehrsamkeit ab. In ihr sehen sie, meist schlichte Ägypter, die Gefährdung durch heidnische Weltweisheit. Andere, mit anderen biographischen Voraussetzungen, werden *ihre* Wahrheit dagegenstellen und (etwa Synesios von Kyrene oder im Westen Cassiodorus) auch die Beschäftigung mit Literatur und Wissenschaft für wertvoll erklären. Die Wüstenväter kennen als einziges Buch die heilige Schrift. Die aber »betrachten« sie – so wie sie im Buch der Schöpfung »lesen«.

Der Mensch, dem die Augen aufgegangen sind für das Wirken Gottes in der Welt und der durch Befolgung der Gebote und durch Askese geläutert ist, nähert sich Gott und sieht sich von ihm nicht mehr als Knecht angesehen, sondern als Kind angenommen. Aus Furcht wird Liebe.

Dieses Wissen und Erkennen von Wahrheit ist nicht einfach rationales Begreifen. Es ist auch noch mehr als das intuitive Erfassen. Vielleicht dessen denkbarer Superlativ: das Gewahrwerden einer Wahrheit mit allen geistig-seelischen Fähigkeiten, so daß der ganze Mensch von ihr ergriffen wird. Dann kann er »mehr als die Tiefgelehrten wissen.«[10] Das griechische Wort für dieses Schauen der Wahrheit ist theoría. Damit ist nur in seltenen Fällen das gemeint, was wir als »Theorie« bezeichnen. Wir verstehen unter Theorien meist nur vorläufig aufgestellte Vermutungen oder aber eine Vorstufe für die Auswertung (nach Art der rationalistischen Kette, daß wissenschaftliche Erkenntnis technisch angewandt werden muß, und schon führt die Verbesserung der wirtschaftlichen Produktion zum sozialen Fortschritt ...). Nicht diese Theorie! Der Philosoph Platon prägte das Wort in dem Sinne, daß theoría die Schau der Ideen, also des eigentlichen – »ideellen« – Wesens der Welt, gewissermaßen ihrer verborgenen Innenseite, bedeutet. Aber schon vor ihm hatte das Wort einen nachdenkenswerten Gehalt. Theoría, das war auch das Zuschauen bei der Festprozession, in der das Götterbild vorgeführt, die Wahrheit des Festes im Hymnus vorgetragen und im Kult vergegenwärtigt wurde. Theoría durchschaute das Spiel, ergriff die – besser: ließ sich ergreifen von den – dem Spiel zugrundeliegenden Wahrheiten, die es ausdrückte. So blickt theoría hinter die Ansichtsseite der Welt, durchschaut die Oberfläche der Dinge und geht allem auf den Grund. Damit ist auch die Frage, wie Antonios imstande ist, theologisch und philosophisch zu argumentieren, beantwortet. Obwohl er keinen Bildungsgang durchlaufen hat, ist er nicht Autodidakt. Er ist »theodídaktos«: von Gott belehrt. Seine Theologie beginnt nicht beim Sprechen über Gott, sondern mit dem Sprechen Gottes, und zum Theologen wird er auf gleiche Weise wie zum Asketen: durch das betrachtende Hören. Offenbarte Wahrheit und im Leben erfahrene Wahrheit werden identisch, und was ist sein Reden über Gott, genau besehen, anderes als Jubel? AV 72-80

HEIMGANG

»Auch wie sein Leben zu Ende ging, ist wert, daß ich es erzähle, und für euch, die ihr dies wünscht, hörenswert. Denn auch hierin darf man ihn sich zum Vorbild nehmen.
Er sah wie gewöhnlich nach den Mönchen weiter draußen auf dem Berg, und weil ihm Gottes Vorsehung seinen Tod kundgetan hatte, richtete er diese Worte an seine Brüder: ›Dies ist der letzte Besuch, den ich euch abstatte, und es würde mich wundern, wenn wir uns in diesem Leben noch einmal sehen sollten. Zeit ist es nun, daß auch ich aufbreche; ich bin ja schon nahezu hundertfünf Jahre alt.‹ Als sie dies hörten, weinten sie und umarmten und küßten den Greis. Dieser aber redete mit ihnen voll Freude wie jemand, der die Heimreise aus der Fremde antritt; und er ermahnte sie, in ihren Anstrengungen nicht nachzulassen und bei der Askese den Mut nicht zu verlieren, sondern so zu leben, als würden sie jeden Tag sterben; und ihre Seele sollten sie vor schmutzigen Gedanken bewahren und sich die Heiligen zum Vorbild nehmen. (...) ›Haltet an dem fest, was die Väter überliefert haben, besonders am from-

63

men Glauben an den Herrn Jesus Christus, den ihr aus den heiligen Schriften kennt und den ich euch oft ins Gedächtnis gerufen habe.‹«

Man bittet Antonios zu bleiben und hier zu sterben. Er lehnt ab, und Athanasios teilt dafür einen Grund mit: In Ägypten war es weithin üblich, die Toten, vor allem die Martyrer, nicht zu bestatten, sondern in Leinentücher einzuhüllen (also einzubalsamieren) und wie Reliquien in den Häusern aufzubewahren. Antonios ist öfter dagegen aufgetreten und möchte nun für seine Person diesen Kult vermeiden. Hieronymus teilt in seiner Hilarion-Vita mit, ein reicher Ägypter, Pergamios, habe geplant, den Leib des heiligen Antonios zu holen und ihm zu Ehren eine Gedenkkapelle zu errichten. Deshalb kehrt er in seine im inneren Gebirge liegende Wohnstatt zurück, wo er nur die zwei Mönche um sich hat, die ihn schon seit fünfzehn Jahren im Alter unterstützen.

»Wenige Monate später erkrankte er. Er rief seine (zwei) Gefährten zu sich und sprach zu ihnen: ›Ich gehe, wie es in der Schrift (Jos. 23, 14) heißt, den Weg der Väter; denn ich sehe, daß ich vom Herrn gerufen werde. Ihr aber bleibt wachsam und macht euere langjährige Askese nicht zunichte! Bemüht euch, euere Bereitwilligkeit so zu erhalten, als würdet ihr eben jetzt beginnen! Ihr wißt um die Nachstellungen der Dämonen, wißt, wie böse, aber auch, wie machtlos sie sind. Fürchtet sie daher nicht, sondern lebt bei jedem Atemzug in Christus und glaubt an ihn! Lebt, als stürbet ihr jeden Tag, achtet auf euch und denkt an die Ermahnungen (paraineseis), die ihr von mir gehört habt. Haltet keine Gemeinschaft mit den Häretikern! (...) Bemüht euch vielmehr, vor allem mit dem Herrn, dann aber mit den Heiligen immer verbunden zu sein, damit nach dem Tod auch sie euch wie Freunde und gute Bekannte in die ewigen Wohnungen aufnehmen! Dies sei euer Sinnen und Trachten. Und wenn ich euch etwas bedeute und ihr an mich wie an eueren Vater denkt, dann laßt meinen Leichnam nicht nach Ägypten bringen, damit man ihn nicht in den Häusern beisetzt! (...) Bestattet also meinen Leib und verbergt ihn unter der Erde; und diese meine Anweisung soll von euch beachtet werden, so daß niemand außer euch den Ort kennt. Denn bei der Auferstehung der Toten werde ich vom Retter meinen Leib unverweslich zurückerhalten.«

Dann trifft er Verfügungen über seine Kleider, und zwar vermacht er – wie Elija seinem Schüler Elischa (1 Kön. 19,19) – »dem Bischof Athanasios das eine Schaffell und den Mantel, den er mir gegeben hat und der mit mir alt wurde; an Bischof Serapion das zweite Schaffell«; das härene Gewand sollen seine beiden Schüler behalten.

» › Jetzt lebt wohl, Kinder! Antonios geht weg und ist nun nicht mehr bei euch.‹ Nachdem er dies gesprochen und die Brüder von ihm Abschied genommen hatten, zog er seine Füße zurück (wie der sterbende Jakob: Gen. 49,33), schaute die auf ihn Zukommenden[11] wie Freunde an und freute sich über sie; denn man sah ihn mit heiterem Gesicht daliegen. So verschied er und wurde mit den Vätern vereint (Gen. 49,33).«

Er wird bestattet, wie er es befohlen hat. Seine Grabstätte bleibt unbekannt. Die Empfänger der Klei-

dungsstücke »achten darauf wie auf teuere Wert-
gegenstände. Denn schon sie anzusehen ist, wie Antonios zu sehen, und sich damit zu bekleiden, wie
seine Ermahnungen mit Freude in sich zu tragen.«
AV 89–92

ZUM BESCHLUSS

Hier, nachdem der Kranz der Vitenbilder abgeschrit-
ten ist, könnten wir uns nun dem Hauptbild in der
Mitte nähern. Vor zeitlosem Goldgrund tritt es uns
entgegen. Zeitlos ist auch das Bild selbst, so wie
Wahrheit zeitlos ist und jederzeit gültig; und wer sich
der Begegnung mit dem Bild stellt, wird seiner zeitge-
mäßen Wahrheit innewerden. Deshalb muß das Porträt des Heiligen nicht beschrieben werden. Entwerfe
jeder es so, wie es der eigenen Wirklichkeit entspricht.
Aber täuschen wir uns, wenn wir meinen, es komme
uns gar nicht aus der Wüste entgegen, sondern lade
ein, aus der Wüste in eine Oase zu folgen? Denn Stille
und Ruhe und die Lösung von den Dingen, die uns
besitzen wollen, – sehnen wir uns nicht danach?
Empfinden wir nicht die alltägliche Realität – den
uns umbrandenden Lärm, die Flut von Bildern, die
aus tausend leeren Gesprächen bestehende Einsamkeit – auch als Wüste? Könnte uns nicht die Ermutigung zuteil werden, daß der Aufenthalt in dieser
Wüste nicht notwendigerweise bedeutet, in ihr aufzu-
gehen?
Und wenn heute in einem sehr wörtlichen Sinn vom

Vordringen der Wüste die Rede ist, dann zeigt sich in diesem Unheil der Erde, das sich abzeichnet, auch ein Abbild wüster sozialer und seelischer Zustände. An ihnen können wir schuld sein, dadurch daß wir sie verursachen oder hinnehmen.

Sollten die Verwüstungen in und um uns – ob wir sie nun anrichten oder erleiden – nicht zur Kultivierung von Oasen herausfordern? Sie könnten Zellen sich ausbreitenden neuen Lebens sein. Voraussetzung dafür ist allerdings, auch die andere Lehre anzunehmen: daß vor allem anderen der Mensch in sich eine unbestechlich prüfende, abwägende, die »Geister« unterscheidende Instanz aufbaut und daß dazu Selbsterkenntnis und Nachfolge führen. Das Leben im richtigen Geist äußert sich im richtigen Handeln.

Orientierung auf diesem Weg – käme sie nicht aus dem Aufblick zum »Stern der Wüste strahlend wie Gold«?

ANTONIOS
STERN DER WÜSTE

AUS DEN GRIECHISCHEN
OFFIZIUMSTEXTEN
ZUM ANTONIOSFEST

Als dich erleuchtet von den Strahlen des Geistes
gottbegeisterte Liebe entflammte,
daß deine Seele sich aufschwang,
nach der Liebe des Höchsten sich zu sehnen:
da achtetest du dein Fleisch und Blut für gering,
aus der Welt hinaus gingst du
und wurdest eins mit Gott
durch harte Askese und in leidenschaftsloser Ruh
und so erlangtest du die Fülle seiner Güter,
wie du sie suchtest,
und strahltest auf wie ein Stern,
von dem ein Abglanz auch auf uns fällt, Antonios.

*

Der Dämonen Pfeil' und Bogen
machtest du zuschanden
durch die Gnade des göttlichen Geistes.
Ihre Bosheit und Arglist
tatest du allen kund durch göttliche Lehren.
Von göttlichem Glanz erhellt,
warst du der hellstrahlende Erleuchter der Mönche
und gabst als erster der Wüste ordnende Regel,
der Leidenden kundigster und verehrter Arzt,

Vorbild tugendhaften Lebenswandels,
Vater Antonios.

*

Mit Gnadengaben von Gott erfüllt,
fand dich, o Vater, Christus
wie einen makellosen Spiegel voll göttlichen Wider-
scheins
und übergoß dich
mit seines Lichtes blitzenden Strahlen.
Daher sah man dich
als einen freigebigen Quell von Heilungen,
als der Hungernden Ernährer,
als mit Regengüssen erquickend den Durst der
Schmachtenden.
Den Zustand der Seelen schautest du
und bessertest sie durch dein gottweises Wort.
Bitt' Gott, daß er uns rette und erleuchte!

*

Lauter in der Seele und im Herzen
Engel auf Erden und Mensch im Himmel,
Lehrer der Jungfräulichkeit,
Richtmaß vollkommener Enthaltsamkeit:
Bei deinem Gebieter, o Antonios, lebest du nun,
und nieverstummenden Lobgesang
bringst du ihm, o Seliger,
mit den Engeln und allen Heiligen und Martyrern dar.
Errett' uns vor schlimmer Gefahr und Sündenfall!

*

Sei gegrüßt, du Stern des Ostens, strahlend wie Gold,
Erleuchter und Hirt der Mönche!
Sei gegrüßt, du immer Gerühmter,
beste Frucht du der Wüste
und unerschütterliche Säule der Kirche!
Sei gegrüßt, großer Führer derer, die irregehn!
Sei gegrüßt, du unser aller Ruhm
und helle Freude für die ganze Welt!

*

Indem du in deiner Lebensweise nachahmtest den
   Eifer des Elija
undaufseinengeradenWegennachfolgtestdemTäufer,
begründetest du, Vater Antonios,
die Wohnstatt in der Wüste
und festigtest den Erdkreis durch deine Gebete.
Deshalb tritt ein für uns bei Christus, unserm Gott,
daß er uns errette!

*

Als du dich in die Grabkammer
freudig einschlossest, o Vater,
und aus Liebe zu Christus
unbewegt die Angriffe der Dämonen ertrugest
und durch Gebet und Gnade
die Schwachheit ihrer verderbten Ratschläge erwiesest,
da bewunderten dich die Scharen der Engel und riefen
   aus:
Ehre ihm, der dich bestärkt, Antonios!

*

Lichterfüllte, auf Tugend gegründete Säule
und schattenspendende Wolke
warst du allen in der Wüste.
Von der Erde zum Himmel gingst du allen
auf dem Weg der Gottesschau voran,
das Meer der Leidenschaft
zerteiltest du mit dem Stab des Kreuzes.
Du durchschautest Amalek
und schlugst ihn in die Flucht.
Ungehinderten Aufgang zum Himmel
und unverwesliches Erbe fandest du, o Gottseliger.
Nun stehst du mit den körperlosen Scharen
voll Freude beim Throne Christi.
Ihn bitt' inständig,
daß er uns schenke sein großes Erbarmen!

REDE AN DIE MÖNCHE

Nachdem Antonios das Kastell verlassen hatte (vgl. 34), begann er, die gewonnenen Erfahrungen und Einsichten weiterzugeben. Athanasios hat hier in der Lebensbeschreibung des Antonios wohl einzelne kürzere Belehrungen und Ermahnungen, die wir uns z. T. vielleicht in der Art der »Väter-Sprüche« vorzustellen haben, zu einer großen Rede zusammengefaßt. Dieses Verfahren des Redigierens mag uns heute auf den ersten Blick befremden. Denn wir sind gewohnt, unter historischer Treue die wörtliche Wiedergabe des Gesagten zu verstehen. Doch ist diese Umarbeitung des tatsächlichen Wortlautes das übliche Darstellungsprinzip der antiken Geschichtsschreiber. Auf diese Weise soll alles Nebensächliche, das lediglich von der konkreten Situation veranlaßt ist, ausgeschieden werden zugunsten einer geschlossenen und systematischen Darstellung bei voller Wahrung – ja unter besonderer Hervorhebung – des Redesinns im ganzen.
Die Rede richtete sich an die Eremiten, die sich, von Antonios' Beispiel begeistert, auf dieselbe radikale Verwirklichung der Forderungen eingelassen haben, die das Evangelium als Weg zur Vollkommenheit aufzeigt. Zu diesem bíos evangelikós, *dem evangeliumgemäßen Leben, will Antonios Rat und Hilfe bieten.*

Die Zeit nutzen

Eines Tages, als er herausgekommen war und alle Mönche sich bei ihm einfanden und Rede von ihm hören wollten, sprach er zu ihnen auf ägyptisch[1] folgendes: »Zwar bieten schon die heiligen Schriften genügend Belehrung; aber recht ist es, daß wir einander im Glauben ermutigen und uns im Gespräch zum Kampf rüsten. Und so bringt nun ihr wie Kinder gegenüber ihrem Vater vor, was ihr wißt; und ich als der Ältere lasse euch teilnehmen an meinem Wissen und meinen Erfahrungen. Vorrangig sei der allen gemeinsame Eifer, nach dem Beginn nicht wieder nachzugeben, nicht den Mut zu verlieren, weil es schwerfällt, und nicht zu sagen: Nun haben wir uns lange genug mit der Askese befaßt. Nein; als würden wir täglich von neuem beginnen, wollen wir unseren anfänglichen Schwung noch vergrößern. Denn das Menschenleben ist sehr kurz, mißt man es an der künftigen Ewigkeit. Dabei schrumpft unsere ganze Zeit zusammen zum Nichts im Vergleich mit dem ewigen Leben. AV 16

Sein – statt Habenwollen

(…) Und laßt uns im Hinblick auf die Welt nicht meinen, wir hätten etwas Großartiges aufgegeben! Denn verglichen mit dem ganzen Himmel ist unsere ganze Erde kleinwinzig. Und würden wir als Herren über die ganze Erde auf sie verzichten, so wäre auch dies im Vergleich mit dem Himmelreich nichts Gleichwertiges.

(…) Wenn aber die ganze Erde dem Himmel nicht gleichwertig ist, dann darf jemand, der da nur ein paar Quadratmeter hergibt, nicht prahlen oder mit sich schon zufrieden sein; er gibt ja gewissermaßen nichts auf, selbst wenn er auf ein Haus und eine Menge Geld verzichtet. Und überdies muß man in Betracht ziehen, daß man diesen Besitz ja doch zurücklassen muß, auch wenn man sich von ihm nicht um der Tugend willen, sondern erst später beim Sterben trennt (...)

Darum soll niemand von uns das Habenwollen vorziehen! Denn was haben wir von einem Besitz, den wir nicht mitnehmen können? Warum sollten wir nicht lieber nach jenem Besitz trachten, den wir mitnehmen können, als da ist: Klugheit, Gerechtigkeit, Mäßigkeit, Tapferkeit, Einsicht, Liebe, Barmherzigkeit, Christusglauben, Duldsamkeit, Gastfreundlichkeit? Erwerben wir solchen Besitz[2], so werden wir ihn auch dort vorfinden, und er verschafft uns Aufnahme in dem Lande, das die Sanftmütigen besitzen. AV 17

Ermutigung zur Ausdauer

Auch aufgrund solcher Überlegungen soll daher jeder überzeugt sein, daß er nicht nachlassen darf, vor allem, wenn er bedenkt, daß er Diener des Herrn ist und daß er seinem Herrn den Dienst schuldet. Wie der Knecht sich nicht trauen wird zu sprechen: ›Weil ich gestern schon gearbeitet habe, tue ich heute nichts‹, und wie er die verstrichene Zeit nicht nachmißt und dann an den folgenden Tagen faulenzt, sondern täglich, wie im Evangelium geschrieben steht, den gleichen Eifer zeigt, um dem Herrn zu gefallen und kein Risiko einzugehen, ebenso laßt auch uns

Tag um Tag ausharren in der Askese. Denn wir sind uns bewußt, daß uns der Herr nicht wegen der vorausgegangenen Zeit entgegenkommen wird, wenn wir es auch nur einen Tag nicht so genau genommen haben, sondern daß er uns wegen unserer Nachlässigkeit zürnen wird. (...) AV 18

Täglich den Tod vor Augen
Wollen wir uns also, meine Kinder, an die Askese halten und nicht nachlassen! Wir haben ja auch dabei den Herrn als Helfer, wie geschrieben steht: In jedem, der sich zum Guten entschlossen hat, wirkt Gott zum Guten mit (Röm. 8,28). Damit wir aber nicht nachlassen, ist es gut, uns einzutrainieren auf den Satz des Apostels: ›Täglich sehe ich dem Tod ins Auge‹ (1 Kor. 15,31). Denn wenn auch wir so leben, als könnten wir jeden Tag sterben, dann werden wir nicht sündigen. Dieses Wort bedeutet, daß wir bei unserem täglichen Erwachen denken sollen, wir würden nicht bis zum Abend leben, und wenn wir uns wieder zur Ruhe begeben, wir würden nicht mehr aufwachen. Ungewiß ist ja naturgemäß unsere Lebenszeit und wird uns zugemessen tagtäglich von der Vorsehung. (...) AV 19

Das Reich Gottes ist in uns
Aber nur keine Angst, wenn ihr von Tugend hört, und reagiert nicht befremdet auf dieses Wort! Sie ist nichts, was von uns weit weg ist. Sie existiert nicht außerhalb unser. Sondern in uns selbst ist sie wirksam und ist etwas Leichtes, wenn wir nur wollen. Die Heiden reisen zwar in die weite Welt und fahren übers

Meer, um klug zu werden. Wir aber brauchen nicht zu
verreisen wegen des Himmelreiches noch übers Meer
zu fahren nach der Tugend. Denn dem zuvorkom-
mend sprach bereits der Herr: ›Das Reich Gottes ist
in euch‹ (Luk. 17,21). Also kommt es bei der Tugend
allein auf unser Wollen an, da sie ja in uns ist und
durch uns existiert. Denn wenn die Seele ihrer Natur
gemäß das Vernünftige will, dann existiert die Tugend. (...)
Müßten wir uns also die (Tugend als eine) Sache von
außerhalb beschaffen, dann wäre es in der Tat
schwierig. Ist sie aber in uns, so wollen wir uns hüten
vor unlauteren Gedanken und wollen unsere Seele
für den Herrn bewahren, als hätten wir sie zur Aufbe-
wahrung zu treuer Hand erhalten, damit er sein Geschöpf wiedererkenne: im selben Zustand, wie er es
geschaffen hat.   AV 20

Wachsamkeit
Unser Kampf soll darum gehen, daß nicht Zorn über
uns herrsche noch Begierde über uns gebiete. Es steht
ja geschrieben: ›Im Zorn tut der Mensch nicht das,
was vor Gott recht ist‹ (und:) ›Wenn die Begierde
schwanger geworden ist, bringt sie die Sünde zur
Welt; ist die Sünde reif geworden, bringt sie den Tod
hervor‹ (Jak. 1,20 und 15). Demgemäß also wollen
wir uns verhalten, nüchtern und hellwach sein und,
wie geschrieben steht, mit aller Vorsicht unser Herz
hüten (Spr. 4,23).

Der Feind

Denn wir haben gefährliche und tückische Feinde, die bösen Dämonen, und gegen sie richtet sich unser Kampf.

(...) Groß ist ihre Zahl um uns herum, und sie sind von uns nicht weit entfernt. In gewisser Weise sind sie untereinander recht verschieden, und von ihrem Wesen und ihrer Verschiedenheit könnte lange die Rede sein. (...) AV 21

Als erstes nun nehmen wir zur Kenntnis, daß die bösen Geister nicht schon darum, weil sie böse heißen, auch von Anfang an so gewesen sind. Denn Gott hat nichts Böses erschaffen; nein, gut sind auch sie von ihrer Erschaffung her gewesen, sind jedoch abgefallen von der himmlischen Weisheit und dann auf die Erde geworfen worden. Mit ihren Truggespinsten haben sie schon die Heiden getäuscht, und aus Neid auf uns Christen setzen sie erst recht alles in Bewegung, weil sie uns am Aufstieg in den Himmel hindern wollen, damit wir nicht dorthin, von wo sie abgefallen sind, emporsteigen können.

Unterscheidung der Geister und Wirken der Dämonen

Deshalb bedarf es auch sehr des Gebetes und der Askese, damit man durch den Geist die Gnadengabe der Unterscheidung der Geister erlange und so erkennen kann, was es mit ihnen für Bewandtnis hat. (...)

Wir müssen einander über die Dämonen aufklären aufgrund der Versuchungen, denen wir durch sie ausgesetzt waren. Ich spreche daher als einer, der darüber eine gewisse Erfahrung hat, wie zu Kindern. AV 22

Wenn die Dämonen sehen, daß die Christen (...) sich Mühe geben und Fortschritte machen, dann greifen sie erst recht an und stellen als Versuchung ihre Fallen am Weg auf; diese sind die bösen Gedanken. Aber wir müssen ihre Anschläge nicht fürchten. Denn durch Gebet und Fasten und den Glauben an den Herrn sind sie rasch außer Gefecht gesetzt.

Doch auch abgewehrt geben sie keine Ruhe, sondern rücken wieder heran, und zwar mit noch ärgerer List. Denn sooft sie das Herz mit offensichtlich unreinem Verlangen nicht täuschen können, greifen sie auf andere Weise von neuem an und wollen uns durch Vorspiegelung phantastischen Truges erschrecken. (...) Aber auch so darf man ihre Vorspiegelungen nicht fürchten. Nichtig sind sie ja und verschwinden auch rasch wieder, besonders wenn man zum Glauben und zum Kreuzeszeichen Zuflucht nimmt wie zu einer festen Burg.

Aber sie sind toll und gehen aufs Ganze. Denn wenn sie auf diese Weise nicht zum Erfolg kommen, so setzen sie uns wieder auf andere Weise zu und geben vor, sie könnten prophezeien und voraussagen, was nach Tagen eintreten werde, und könnten sich auf der Stelle groß machen bis unters Dach hinauf und riesenhaft in die Breite gehen. So versuchen sie mit derlei Phantastereien vielleicht in ihre Gewalt zu bekommen, wen sie auf dem Gebiet der Gedanken nicht täuschen konnten. Finden sie aber auch in diesem Falle die Seelen in ihrem Entschluß unbeirrbar durch Glauben und Hoffnung, so ziehen sie den obersten Dämon bei. AV 23

(...) Aber wir Gläubige brauchen seine Phantastereien nicht zu fürchten und auf seine Worte nicht zu
achten. Denn er lügt, und überhaupt nichts, was er
sagt, entspricht der Wirklichkeit. Daß er uns dies und
das vorlügt und sich damit aufspielt, ist nicht der
Rede wert. Wurde er doch vom Heiland wie ›der Dra-
che am Angelhaken‹ gezogen und bekam wie ein
Stück Vieh ein ›Halfter um die Nase‹, wie ein entlau-
fener Sklave ist er mit einem ›Nasenring angebunden‹, und ›eine Spange ist durch seine Lippen
gezogen‹. Und angebunden ist er vom Herrn ›wie ein
Spatz‹ zu unserer Belustigung (nach Ijob 40). Hinge-
worfen ist er selber und sind die Dämonen in seinem
Gefolge ›wie Skorpione und Schlangen‹, um von uns,
den Christen, zertreten zu werden. Und der Beweis
dafür ist die Tatsache, daß wir in diesem Augenblick
leben, und auf eine Weise leben, die ihm zuwider ist.
Denn er, der ankündigt, das Meer zu beseitigen und
den Erdkreis in seine Hand zu nehmen, siehe, er kann
jetzt euere Übung in der Askese nicht verhindern, ja
nicht einmal meine Rede gegen ihn.

Achten wir also nicht auf seine Worte – er lügt ja –,
und fürchten wir seine Vorspiegelungen nicht; Trug
sind auch sie. Nicht wirkliches Licht ist es, was in den
Dämonen aufscheint. Vielmehr tragen sie Ankündigung und Abbild des für sie bereiteten Feuers in sich;
und worin sie selbst brennen müssen, damit versuchen sie die Menschen zu erschrecken. Freilich zeigen sie sich – und augenblicklich verschwinden sie
wieder, weil sie nur das Abbild des Feuers an sich haben, das sie selbst aufnehmen soll. (...)   AV 24

Man darf nur nicht hinhören; nicht, wenn sie uns zum Gebet wecken; nicht, wenn sie uns raten, ganz auf das Essen zu verzichten; und nicht, wenn sie sich den Anschein geben, Verhaltensweisen, bei denen sie uns früher zugestimmt haben, nun anzuklagen und zu tadeln. Denn nicht aus Frömmigkeit oder Wahrheitsliebe tun sie dies, sondern um die arglosen Seelen in Verzweiflung zu stürzen, Askese für nutzlos erklären zu können, das einfache Leben in Zurückgezogenheit zu verleiden, als sei es die schwerste Last, und um diejenigen, die diesem Ideal gemäß leben, daran zu hindern. (...) AV 25

Hören also auch wir nicht auf sie, da sie nicht zu uns gehören, und gehorchen wir ihnen nicht, selbst wenn sie uns zum Gebet wecken und zu uns über das Fasten sprechen! (...) Fürchten aber muß man sie nicht, auch wenn sie auf uns einzustürzen scheinen, auch wenn sie mit dem Tode drohen. Schwach sind sie ja, und nichts können sie als nur drohen. AV 27

Weil der Herr in diese Welt kam, kam der Feind zu Sturze, und seine Macht wurde gebrochen. Obwohl er also deshalb keine Macht hat, gibt er, als ein schlimmer Tyrann, dennoch auch nach seinem Fall keine Ruhe, sondern droht, und sei es nur mit Worten. Und dies soll jeder von euch bedenken, und so kann er die Dämonen verachten.

Den dämonischen Einwirkungen ist der Geist ausgesetzt

Wenn sie solchen Körpern verhaftet wären wie wir, dann könnten sie sagen: ›Die Menschen im Verborgenen finden wir nicht. Finden wir aber welche, dann fügen wir ihnen Schaden zu‹; und auch wir könnten uns verstecken und ihnen verborgen bleiben und die Türen vor ihnen versperren. Nun sind sie aber nicht so beschaffen, sondern können bei verschlossenen Türen herein, und sie und ihr Anführer sind überall um uns zugegen, und sie sind bösartig und haben sich aufs Schadenstiften eingestellt. (...)

Aber weil sie zu keiner wirklichen Tat fähig sind, deshalb besteht ihr ganzes Tun darin, Furcht zu erzeugen. Denn wenn sie könnten, würden sie nicht zögern, sondern das Böse sogleich ins Werk setzen. (...) Aber machtlos, wie die Dämonen nun einmal sind, müssen sie Angst erzeugen; wenn nicht anders, dann eben mit gespenstischem Trug. AV 28

Gott gab dem Teufel Erlaubnis

Wenn jemand über die Geschichte Ijobs nachdenkt und spricht: Warum konnte der Teufel hergehen und ihm alle Widrigkeiten antun, ihm das Vermögen rauben, die Kinder nehmen und ihn mit üblem Geschwür schlagen? – Wenn jemand so fragt, dann soll er erkennen, daß es sich nicht um die Macht des Teufels handelte, sondern daß Gott ihm den Ijob zur Prüfung überließ. (...) Weil er aber bitten mußte, und zwar nicht nur einmal, sondern noch ein zweites Mal, zeigt sich, daß er schwach und ganz machtlos ist. (...) AV 29

Gott allein also muß man fürchten; die Dämonen aber muß man für gering achten und darf sie überhaupt nicht fürchten. Allerdings, je mehr sie sich um uns zu schaffen machen, desto mehr sollen wir uns gegen sie auf die Askese konzentrieren. Denn eine wichtige Waffe gegen sie sind ein rechtschaffenes Leben und gläubiges Vertrauen auf Gott. (...) AV 30

Unterscheidung der Geister nach ihrer Wirkung
Ob es sich um die Gegenwart guter oder böser Geister handelt, kann man mit Gottes Hilfe leicht unterscheiden. Denn die Vision von Heiligem ist frei von Verstörung. (...) So ruhig und friedlich geschieht dies, daß alsbald Heiterkeit, Freude und Zuversicht sich der Seele ein-bilden. Denn mit allem Heiligen ist der Herr, der unsere Freude ist und die Kraft Gottes des Vaters. Und die Erwägungen der Seele bleiben ohne Störung und ohne Schwanken, und so kann sie, selbst erleuchtet, von sich aus die Erscheinungen der Geister betrachten. Verlangen nach dem Göttlichen und nach den künftigen Gütern ergreift sie, und sie wird völlig mit ihnen (nämlich den Heiligen, die ihr erschienen sind) verbunden sein wollen, auch wenn sie mit ihnen von hier fort müßte.
Wenn aber einige – Menschen sind wir ja – vor dem Anblick der guten Geister in Furcht geraten, so nehmen die Erscheinenden durch ihr von Liebe bestimmtes Verhalten sogleich die Furcht von ihnen. So handelte Gabriel an Zacharias, so der am göttlichen Grab erschienene Engel an den Frauen, so der Engel, der zu den Hirten im Evangelium ›Fürchtet euch nicht‹ sprach. Denn die Furcht vor ihnen rührt ja nicht von der Schwächlichkeit der Seele her, sondern von der Erkenntnis der Anwesenheit höherer Wesen. So also verhält es sich mit der Erscheinung guter Geister. AV 35

85

Die bösen Geister aber treten auf und erscheinen unter Lärm, Getöse und Geschrei, wie es etwa zugeht, wenn ungezogene Jugend oder Räuber ausschwärmen. Die Seele reagiert darauf sofort mit Verzagtheit, Verwirrung, Chaos im Denken, Depression, Haß auf die Asketen, Unentschlossenheit, Trauer, der Vergangenheit anhängendem Denken an die Verwandten[3], und mit Todesfurcht, schließlich mit dem Verlangen nach Bösem, mit Geringschätzung der Tugend und mit ungeordneter Lebensführung. (...) AV 36

Und dies sei euch auch noch ein Hinweis: Wenn der Schwächezustand der Seele andauert, dann handelt es sich um die Anwesenheit des bösen Feindes. Denn die Dämonen machen ihm kein Ende, so wie es etwa der gewaltige Erzengel Gabriel an Maria und an Zacharias tat und der Engel beim Grab an den Frauen. Vielmehr, wenn sie jemand in Furcht sehen, verstärken sie ihre gespenstischen Erscheinungen noch, damit der Schrecken noch größer werde, und treten dann zuletzt heran und sprechen in ihrem argen Spiel: ›Fallt nieder und betet uns an!‹ Sie haben die Heiden getäuscht und wurden so von ihnen fälschlicherweise für Götter gehalten. Uns aber läßt der Herr nicht der Täuschung durch den Teufel verfallen. Als dieser ihm solchen Trug erscheinen ließ, wies er ihn ja zurecht mit den Worten: ›Weg von mir, Satan! Denn in der Schrift steht: Den Herrn, deinen Gott sollst du anbeten und ihm allein dienen.‹ (Mat. 4, 10) Dadurch sollen wir also den Erzbösen immer mehr verachten; denn die Worte des Herrn sind für uns gesprochen, damit die Dämonen auch von uns solches hören und zuschanden werden durch den Herrn, der sie mit diesen Worten zurechtwies. AV 37

Aber wegen der Austreibung von Dämonen darf man sich nicht rühmen und wegen wunderbarer Heilungen nicht großtun. Und man soll nicht einzig den hochachten, der Dämonen austreibt, und den, der sie nicht austreibt, verachten. (...) Denn ›Zeichen und Wunder‹ zu tun ist nicht unsere Aufgabe, sondern Wirken des Herrn. (...)

Alles in allem, man muß beten, wie schon gesagt, um die Gnadengabe der Unterscheidung der Geister, damit wir nicht, wie es in der Schrift heißt, jedem Geiste trauen. (1 Joh. 4, 1) AV 38

Mut und Gottvertrauen vertreiben den bösen Geist

(...) Auch wollen wir uns nicht Befürchtungen einbilden, indem wir sagen: »Es wird doch nicht etwa ein Dämon kommen und mich zugrunderichten, oder mich emporheben und irgendwo hinabstürzen, oder plötzlich neben mich treten und mich in Panik versetzen. Derartigen Gedanken wollen wir nicht nachhängen und keinen Depressionen verfallen, als seien wir verloren. Laßt uns vielmehr guten Mutes sein und uns freuen, weil wir gerettet werden. Und laßt uns denken: ›Mit uns ist der Herr, der die Dämonen vertrieben und ihre Kraft vernichtet hat.‹ Und allezeit laßt uns herzlich erwägen, daß die Feinde uns nichts antun werden, solange der Herr mit uns ist. Denn wenn sie kommen, dann sind sie zu uns so, wie sie uns finden, und in ihren Erscheinungen nehmen sie die Gestalt an, die unseren Vorstellungen entspricht. Finden sie uns also feige und verwirrt, dann treten sie sogleich auf wie Räuber, die das Gelände ungesichert vorfinden; und was wir schon von uns aus denken, das verstärken sie noch. Denn wenn sie uns in Furcht und Zagen sehen, dann steigern sie unsere Furcht noch durch ihre bedrohlichen Erscheinungen, und darin liegt am Ende die Strafe für die Seele, die sich drangsalieren läßt. Wenn die Dämonen aber finden, daß wir fröhlich sind im Herrn, an die künftigen Güter denken und in unserem Herzen erwägen, was des Herrn ist, und wenn wir uns klarmachen, daß alles in der Hand unseres Herrn liegt und kein Dämon Macht über einen Christen hat, ja überhaupt über nichts und niemand verfügen kann – wenn sie also sehen, daß die Seele durch solche Gedanken unangreifbar geworden ist, dann ziehen sie sich, zuschanden gemacht, wieder zurück. (...)« AV 42

Über diese Darlegung des Antonios waren alle voll Freude; und bei den einen nahm die Liebe zur Tugend zu, den anderen war ihre Nachlässigkeit ausgetrieben, wieder bei anderen hatte deren unvernünftiges Mutmaßen ein Ende.

Und alle waren überzeugt, die Anschläge der Dämonen verachten zu können, voller Verwunderung über die dem Antonios vom Herrn verliehene Gnade der Unterscheidung der Geister. AV 44

REDE AN DIE
HEIDNISCHEN PHILOSOPHEN *

Darauf kamen wieder welche – sie gehörten zu denen, die bei den Griechen für weise gelten – und wollten ihn zur Rede stellen hinsichtlich unseres Glaubens an Christus. Sie versuchten, an der Verkündigung des göttlichen Kreuzes herumzuphilosophieren und wollten ihren Spaß haben. Nachdem Antonios eine Weile zugewartet hatte, bedauerte er sie zuerst wegen ihrer Unwissenheit und redete dann mit Hilfe eines Übersetzers [1], der seine Worte treffend wiedergab:

Vorrang des Kreuzes
»Was ist besser und schöner: sich zum Kreuz zu bekennen oder eueren sogenannten Göttern Ehebruch und Kinderschändung anzuhängen? Denn was durch uns verkündet wird, ist Beweis von Tapferkeit und Hinweis auf Geringschätzung des Todes. Euer Reden und Tun aber bedeutet Leiden an der Leidenschaft hemmungsloser Gier.

Die Heiden verehren Naturgötter
Ferner, was ist besser: zu sagen, Gottes Logos habe

---

* Eine Einführung in diese Rede findet sich auf den Seiten 57 f.

sich nicht gewandelt, sondern habe als der Immer-Gleiche freiwillig zur Rettung der Menschen einen Menschenleib angenommen, um durch die Teilnahme am menschlichen Schicksal die Menschen teilnehmen zu lassen an der göttlich-geistigen Natur – oder das Wesen des Göttlichen mit dem Bereich des Vernunftlosen gleichzusetzen und deshalb auf allen vieren laufende und kriechende Tiere und Bilder von Menschen zu verehren? Dem wendet nämlich ihr, die Weisen, euere Verehrung zu. (...) AV 74

Sieg des Kreuzes

In Hinsicht auf das Kreuz aber, was nennt ihr wohl besser: unter der Anfeindung durch böse Menschen unter dem Kreuz auszuhalten und nicht in Angst zu verfallen vor dem Tod, in welcher Gestalt er auf uns auch zukomme – oder Mythen zu erzählen über die Irrfahrten des Osiris und der Isis, über die Feindschaft Typhons und Kronos' Flucht, über das Auffressen der eigenen Kinder und den Tod der Väter durch die Söhne*? Denn darin besteht euere Weisheit.

Warum aber spottet ihr nur über das Kreuz, staunt aber nicht über die Auferstehung? Denn die das eine verkündeten, schrieben auch über das andere. Oder

---

* Osiris, Gott des Fruchtlandes, ist Bruder und Gemahl der Isis. Er wird vom feinlichen Wüstengott Seth, den die Griechen mit ihrem Typhon gleichsetzten, getötet. Von Isis bestattet und beweint, wird er so in der Erde wie das Weizenkorn zu neuem Leben erweckt. – Kronos, oberster Gott und einer der Titanen, rebellierte gegen seinen Vater. Er verschlang seine Kinder, um dem Fluch zu entgehen, von ihnen gestürzt zu werden. Aber sein heimlich zur Welt gebrachter Sohn Zeus stürzte ihn schließlich in den Tartaros hinab.

warum schweigt ihr bei Erwähnung des Kreuzes von den Toten, die auferweckt wurden, von den Blinden, die wieder sahen, von den Lahmen, die geheilt, und von den Aussätzigen, die rein wurden, vom Wandeln über das Wasser, sowie von den anderen Zeichen und Wundern, die ja nun Christus nicht länger als Menschen, sondern als Gott zeigen? (...) Erkennt, daß die Taten Christi ihn als Gott erweisen und daß er in die Welt gekommen ist zur Rettung der Menschen. AV 75

Die Götter der Mythologie sind innerweltliche Götzen

Aber sprecht auch ihr von euerer Lehre! Was nun könntet ihr über die vernunftlosen Tiere anderes vorbringen als Unvernunft und Roheit? Wenn ihr aber, wie ich höre, behaupten wollt, im mythischen Sinne sage man bei euch so, und erklärt, allegorisch beziehe sich der Raub der Proserpina auf die Erde, das Hinken des Hephaistos auf das Feuer, Hera auf die Luft, Apollon auf die Sonne, Artemis auf den Mond und Poseidon auf das Wasser – so verehrt ihr nichtsdestoweniger damit nicht Gott, sondern dient dem Geschaffenen statt dem universalen Schöpfergott. Wenn ihr dies so darstelltet, weil die Schöpfung gut ist, so hättet ihr doch nur bis zur Bewunderung gehen, nicht aber das Geschaffene vergotten dürfen, damit ihr die Ehre, die dem Schöpfer gebührt, nicht den Geschöpfen erweist. (...) AV 76

Vorrang des Glaubens

Wie wird die Erkenntnis der Wirklichkeit und besonders Gottes genau gewonnen, durch logische Beweisführung oder durch die Wirkung vertrauensvollen Glaubens? Und was ist früher da: Wissen aus der Glaubensüberzeugung oder aus der logischen Beweisführung?«

Als sie sagten, älter sei der wirkende Glaube, und dies sei das eigentliche Wissen, sprach Antonios: »Recht habt ihr! Denn der Glaube stammt (schon) aus einer Verfaßtheit der Seele, die Kunst des lückenlosen Nachweisens aber von den Erfindern dieser Kunst. Für jene also, in denen der vertrauende Glaube wirkt, ist die logische Beweisführung nicht nötig oder wahrscheinlich ganz überflüssig. Und was wir aus der Kraft dieses Glaubens erkennen, das versucht ihr mit Hilfe euerer Erörterungen nachzuweisen, und oft könnt ihr unsere geistige Erfahrung nicht einmal ausdrücken, so daß dieser wirkende Glaube besser und verläßlicher ist als euere ausgeklügelten Beweisketten. AV 77

Sieg des Christentums

Wir Christen also haben nicht in der Weisheit heidnischer Wissenschaft das Mysterion, sondern in der Kraft des Glaubens, der uns zuteil wird durch Jesus Christus von Gott. Und daß meine Rede wahr ist – nun bitte: Ohne Bildung aus Büchern glauben wir an Gott und erkennen aus seinen Werken seine allumfassende Vorsehung. Und daß unser vertrauensvoller Glaube wirksam ist (vgl. Phlm. 6) – nun bitte: Wir stützen uns auf den Glauben an Christus, ihr auf sophistische Redeschlachten.

Und einerseits verlieren euere abstrusen Götzenbilder ihre Wirkung, andererseits breitet sich unser Glaube überall aus. Und mit Schlüsseziehen und Wortklauberei bringt ihr niemanden zur Bekehrung vom Christentum zum Heidentum; wir aber entlarven durch unsere Unterweisung im Glauben an Christus euere Götzenfrucht, weil alle erkennen, daß Christus Gott ist und Gottes Sohn. Und mit euren wohlgesetzten Worten haltet ihr die Lehre an Christus nicht auf; wir aber, wenn wir den gekreuzigten Christus nur aussprechen, verjagen alle Dämonen, die ihr als Götter fürchtet; und wo das Kreuzzeichen gemacht wird, dort verliert die Magie ihre Kraft und die Zauberei ihre Wirkung.   AV 78

(...) Euer Glaube wurde nie verfolgt, sondern steht bei allen allerorts in Ehren; andererseits werden die Christgläubigen verfolgt – und dennoch hat unser Glaube den euren an Blüte und zunehmendem Wachstum schon übertroffen. Und euer Glaube, wiewohl ehrfurchtsvoll respektiert und allgerühmt, ist im Schwinden; der Glaube an Christus aber und die Lehre von Christus, wiewohl durch euch verspottet und von den Machthabern oft verfolgt, erfüllen den Erdkreis.

Denn wann strahlte Gotterkenntnis so auf, oder wann zeigten sich Mäßigung und Tugend der Jungfräulichkeit so, oder wann wurde der Tod so verachtet? Doch nur, seit das Kreuz Christi errichtet ist. Daran zweifelt niemand, wenn er sieht, wie die Martyrer um Christi willen den Tod verachten, und wenn er sieht, wie die Jungfrauen der Kirche sich rein und tadellos bewahren.   AV 79

Erlösung vom Bösen im Zeichen des Kreuzes

(...) Seht, es sind hier welche zugegen, die von Dämonen geplagt werden. Es waren einige zu ihm herangekommen, die von Dämonen belästigt wurden, und er ließ sie vortreten und sprach: »Befreit sie von ihrer Plage mit Hilfe euerer Beweisgänge oder mit welcher Kunst ihr wollt, oder durch Magie und durch Anrufung euerer Götzen – oder, wenn ihr dies nicht könnt, stellt den Kampf gegen uns ein, und ihr werdet die Kraft des Kreuzes Christi sehen.« So sprach er, rief Christus an und bezeichnete die unter den Dämonen Leidenden zwei-, dreimal mit dem Kreuzzeichen. Und sogleich standen diese Menschen ganz geheilt da, ihrer Sinne mächtig, und dankten schließlich dem Herrn.

Die sogenannten Philosophen staunten und konnten sich nicht fassen über die Klugheit des Mannes und über das sich ereignete Wunderzeichen. Antonios aber sprach: »Was staunt ihr darüber? Nicht wir sind es, die dies vollbringen, sondern Christus ist es, der durch jene, die an ihn glauben, solches bewirkt. Glaubt also auch ihr, und ihr werdet sehen, daß nicht Wortkunst unsere Sache ist, sondern Glaube, der durch die Liebe zu Christus wirksam ist. Wenn auch ihr so glaubt, dann werdet ihr nicht mehr Beweisführung durch Worte suchen, sondern werdet den Glauben an Christus für vollkommen ausreichend halten.«

Dies ist Antonios' Rede. Jene staunten auch darüber, umarmten ihn und gestanden ein, Hilfe von ihm erfahren zu haben, und so gingen sie weg. AV 80

VÄTER-SPRÜCHE

Der überlieferte Titel »Apophthegmata« (»Aussprüche«) drückt genau aus, was alle diese meist kurzen Texte gemeinsam haben. Sie überliefern einen Ausspruch von einem der alten Wüstenväter. Manchmal enthält der Text nur diesen einen Satz; dann wieder wird auch die Frage mitgeteilt, auf die der Spruch antwortet; gelegentlich wird sogar in kleinen Anekdoten geschildert, wie das Problem auftrat und dann vom »Abbas« (dem »Alten«, dem »Greis«) gelöst wurde. Immer findet sich in diesen Vätersprüchen Hilfe zu christlichem Leben im Sinn der Nachfolge, wie sie das Ideal der Wüstenväter darstellte. Wer verstanden hat, worum es ihnen ging, weiß auch um die Aktualität vieler ihrer Ideale und Vorstellungen und muß sich nicht scheuen, das Wort »Lebenshilfe« für diese Worte aus der Wüste zu gebrauchen [1].

Aus den bei Migne PG 65 gebotenen Apophthegmata wählten wir nur die achtunddreißig (Sp. 75–88) aus, die unter dem Namen des Antonios überliefert sind. (Auch in manchen Episoden, die im Zusammenhang mit anderen Vätern berichtet werden, kommt Antonios vor.) Der griechische Text bei Migne liegt unserer Übersetzung zugrunde. Wir verwenden die Abkürzung VS (für Väter-Sprüche) und geben mit der Ziffer dahinter die

Nummer bei Migne an. Verweise von den Antonios-Sprüchen auf die anderen hier vorgestellten Antonios-texte zu geben, unterlassen wir. Sie könnten nie vollständig sein. Vor allem aber soll das Herstellen solcher Querbezüge dem nach-denkenden Leser aufgegeben bleiben.

Der heilige Vater Antonios verfiel einmal, als er in der Wüsteneinsamkeit saß, in die akedia (d. h. in das Gefühl der Sinnlosigkeit seines ganzen geistig-geistlichen Bemühens) und in eine gewaltige Verdüsterung seiner Gedanken. Da sprach er zu Gott: »Herr, ich will gerettet werden, aber meine Gedanken lassen mich nicht. Was soll ich tun in meiner Not? Wie finde ich Rettung?«

Und als Antonios ein wenig nach draußen ging, sah er jemanden wie sich selbst: der saß bei der Arbeit, dann stand er von der Arbeit auf und betete, und wieder setzte er sich nieder und flocht weiter an seinem Seil, dann stand er wieder auf, um zu beten. Es war aber ein Engel des Herrn, ausgesandt, um Antonios auf den rechten Weg zu bringen und ihm wieder sicheren Boden unter die Füße zu geben. Und er hörte, wie der Engel sprach: »Verfahre so, und du wirst gerettet.«

Als er diesen Satz vernommen hatte, schöpfte er tiefe Freude und neuen Mut, und er verfuhr so und blieb so gerettet. VS 1

Der nämliche Vater Antonios vertiefte sich in die Betrachtung der Ratschlüsse Gottes und begehrte zu wissen: »Herr, wieso sterben manche schon nach einem kurzen Leben, andere aber werden uralt? Und warum leben manche in Not, andere in Reichtum? Und wieso genießen Ungerechte Reichtum, Gerechte aber leben im Elend?«

Er hörte eine Stimme, die sprach: »Antonios, um dich selbst kümmere dich! Dies sind Ratschlüsse Gottes, und sie zu erfahren ist nicht gut für dich.« VS 2

Jemand fragte Vater Antonios: »Was muß ich beachten, um gottgefällig zu leben?«
Und der Alte antwortete: »Beachte, was ich dir auftrage! Wo du auch hingehst, immer habe Gott vor Augen! Was immer du tust, suche einen Beleg dafür in der Heiligen Schrift! Und wo du dich auch niederläßt, gehe von diesem Ort nicht gleich wieder weg! Richte dich nach diesen drei Regeln, und du findest Rettung.« VS 3

Vater Antonios sprach zu Vater Poimen also:
Dies ist die große und mühevolle Aufgabe des Menschen: es über sich zu bringen, seine Schuld Gott vorzuweisen, und auf die Versuchung gefaßt zu sein bis zu seinem letzten Atemzug. VS 4

Ohne versucht worden zu sein, wird niemand in das Himmelreich eingehen können. Beseitige die Versuchungen – und niemand wird gerettet. VS 5

Vater Pambó richtete an Vater Antonios die Frage:
»Was soll ich tun?«
Der Alte antwortete ihm: »Vertraue nicht auf deine eigene Gerechtigkeit! Lasse es dir nicht leid sein um etwas Vergangenes! Und werde Herr über Zunge und Bauch!« VS 6

Ich sah alle Schlingen des bösen Feindes über die Erde hin aufgestellt[2], und seufzend fragte ich: »Wer entgeht ihnen denn?« Und ich hörte eine Stimme zu mir sagen: »Demut.« VS 7

Es gibt Menschen, die haben ihren Körper ruiniert im Bemühen um Askese und haben doch, in Ermangelung der Gabe der Unterscheidung, den Weg zu Gott weit verfehlt.   VS 8

Leben und Tod wachsen uns vom Nächsten her zu. Wenn wir den Bruder gewinnen, dann gewinnen wir Gott. Werden wir aber schuldig am Bruder, dann versündigen wir uns an Christus.   VS 9

Wie die Fische auf dem Trockenen nach einer Weile umkommen, so verkommt bei den Mönchen die Konzentration auf das beschauende Leben, wenn sie zu lange außerhalb ihrer Klause bleiben oder sich unter weltlich Gesinnten aufhalten. Wie der Fisch ins Wasser, so müssen wir uns also beeilen, in unsere Klause zu kommen; sonst vergessen wir durch unser Verweilen im Draußen, auf das Innere zu achten.   VS 10

Wer in der Wüsteneinsamkeit sitzt in leidenschaftsloser Ruhe, der ist dreierlei Kämpfen entzogen: jenen, in vom Hören, vom Reden und vom Sehen kommen. Gegen eines nur hat er noch zu kämpfen: gegen seine eigene Unlauterkeit.   VS 11

Kamen etliche Brüder zu Vater Antonios, um ihm von ihren Visionen zu berichten und zu erfahren, ob diese echt seien oder dämonischen Ursprungs.
Sie hatten einen Esel mitgenommen, und unterwegs nun war dieser verendet. Wie sie bei dem Alten angelangten, kam der ihnen zuvor mit seiner Frage: »Wie ist es denn unterwegs umgekommen, euer Esel-

chen?« Da sagten sie zu ihm: »Woher weißt du das,
Vater?« Er aber sprach zu ihnen: »Die Dämonen ließen es mich sehen.« Da sagten sie zu ihm: »Gerade
deshalb sind wir hergekommen, um dich zu fragen,
weil wir Erscheinungen sehen, und oft sind sie echt.
Aber täuschen möchten wir uns auch nicht.« Und mit
dieser Eselsgeschichte überzeugte sie der Alte davon,
daß diese Visionen Dämonenwerk sind.   VS 12

Gab es da jemanden, der auf Jagd nach Wild durch
die Wüste kam, und er sah Vater Antonios in freund-
licher Unterhaltung mit seinen Brüdern. (Den Jäger
verdroß dies.) Der Alte wollte ihn darüber aufklären,
daß man sich auch einmal auf das Niveau der Brüder
einlassen müsse, und sprach zu ihm: »Lege einen
Pfeil in deinen Bogen ein und spanne!« Und dieser
tat so. Und Antonios sagte zu ihm: »Spanne deinen
Bogen noch mehr!« Und er spannte ihn. Und jener
wiederholte: »Spanne ihn!« Sprach da der Jäger zu
ihm: »Wenn ich den Bogen übermäßig spanne, dann
bricht er.« Da sagte der Alte zu ihm: »Das nämliche
gilt auch für Gottes Werk. Wenn wir unseren Brüdern
über das rechte Maß hinaus Belastungen zumuten,
dann zerbrechen sie bald daran. Immer wieder einmal muß man sich also einlassen auf das Niveau der
Brüder.«
Als der Jäger das hörte, ward er sehr betroffen und
nahm von der Begegnung mit dem Alten großen Nutzen mit sich. Und auch die Brüder zogen sich erbaut
wieder an ihren Ort zurück.   VS 13

Es hörte unser Vater Antonios über einen jüngeren Mönch, er habe unterwegs ein Wunderzeichen vollbracht. Und zwar habe er gesehen, wie einige betagte Väter des Weges zogen und schon müde waren, und er habe Wildeseln befohlen, herzugehen und die Alten zu tragen, bis sie bei Antonios angelangt seien. Dies berichteten die Alten dann Vater Antonios, und er sprach zu ihnen: »Es scheint mir, als sei dieser Mönch ein mit Gütern schwer beladenes Schiff; aber ich weiß nicht, ob er den Hafen erreichen wird.«

Und nach einiger Zeit begann plötzlich Vater Antonios zu weinen und sich die Haare zu raufen und zu klagen. Da fragten ihn seine Schüler: »Warum weinst du, Vater?« und der Alte sprach: »Eine große Säule der Kirche kam soeben zu Fall.« Er sagte dies aber über den jungen Mönch. »Aber geht zu ihm hin«, sprach er, »und seht, was passiert ist!« Die Schüler gingen nun hin und fanden den Mönch, wie er auf einer Matte saß und über die Sünde weinte, die er begangen hatte. Als er aber die Schüler des Alten sah, sagte er: »Sagt dem Greis, er solle unsern Gott bitten, daß er mir nur noch zehn Tage zugebe, und ich hoffe, Rechtfertigung zu erlangen.« Und binnen fünf Tagen starb er. VS 14

Es wurde ein Mönch in Antonios' Gegenwart von den Brüdern gerühmt. Der aber stellte jenen, als er nähertrat, auf die Probe, ob er Demütigung ertrage; und als er herausfand, daß er sie nicht aushielt, sprach er zu ihm: »Du bist wie ein Dorf, dessen Fassaden prächtig herausgeputzt sind, das aber auf

der abgewandten Seite von Räubern leergeräumt
wird.« VS 15

Ein Bruder bat Antonios: »Bete für mich!« Sprach
der Alte zu ihm: »Ich habe kein Mitleid mit dir und
Gott hat auch keines, wenn du dir nicht selbst Mühe
gibst und Gott bittest.« VS 16

Kamen einmal Väter zu Antonios, Vater Joseph mit
ihnen, und Vater Antonios wollte sie einer Prüfung
unterziehen, legte ihnen einen Satz aus der Heiligen
Schrift vor und fing an, sie, beginnend mit den Jüngeren, nach dem Sinn dieses Satzes zu fragen. Und ein
jeder redete entsprechend seiner persönlichen Fähig-
keit. Aber zu jedem sagte der Alte: »Du hast es noch
nicht gefunden«. Zu allerletzt fragte er Vater Joseph:
»Wie faßt denn du dieses Schriftwort auf?« Er antwortete: »Ich weiß nicht«. Da sprach Vater Antonios: »Vater Joseph ist auf dem richtigen Weg; denn
er sagte: ›Ich weiß nicht.‹ « VS 17

Brüder machten sich von der Sketis³ aus auf die
Reise zu Antonios, und als sie ein Schiff bestiegen,
um zu ihm hinzufahren, trafen sie einen Alten, der
seinerseits auch dorthin wollte. Die Brüder aber
kannten ihn nicht. Und als sie auf dem Schiff saßen,
unterhielten sie sich mit Aussprüchen der Väter und
Worten aus der Heiligen Schrift und sprachen von ihrer Handwerksarbeit. Der Alte aber schwieg. Nachdem sie die Anlegestelle erreicht hatten, kam heraus,
daß auch der Alte zu Vater Antonios unterwegs war.
Als sie bei ihm ankamen, sagte er zu ihnen: »In guter

Gesellschaft seid ihr gereist mit diesem Alten hier«,
und zu dem Alten: »Brave Brüder befinden sich bei
dir, Vater.« Da sprach der Alte: »Brave Leute sind es
ja; aber ihr Hof hat kein Tor, und wer will, geht in
den Stall hinein und läßt den Esel los.«
Das sagte er, weil sie alles, was ihnen in den Mund
kam, aussprachen.   VS 18

Es kamen Brüder zu Vater Antonios und baten ihn:
»Sage uns ein Wort, wie wir gerettet werden!« Der
Alte sprach zu ihnen: »Ihr habt die Heilige Schrift gehört. Damit ist es für euch gut.« Sie aber sagten:
»Auch von dir möchten wir etwas hören, Vater.« Da
sprach der Alte zu ihnen: »Das Evangeliums sagt:
›Wenn dich einer auf die rechte Wange schlägt, dann
halt' ihm auch die andere hin!‹ (Mat. 5, 39)« Meinten
sie: »Das bringen wir nicht fertig.« Der Alte sprach
zu ihnen: »Wenn ihr die andere nicht hinhalten
könnt, dann laßt euch wenigstens gefallen, daß die
eine geschlagen wird!« Sagten sie: »Auch das bringen wir nicht fertig.« Der Alte sprach: »Wenn ihr
nicht einmal das könnt, dann zahlt nicht zurück, was
man euch angetan hat!« Und sie sagten: »Auch das
können wir nicht.«
Da sprach der Alte zu seinem Schüler: »Mach ihnen
eine Kleinigkeit Weizenbrei; denn sie sind schwach.«
(Und wieder zu jenen gewandt:) »Wenn ihr dies nicht
könnt und das nicht wollt, was kann ich da für euch
tun? Da hilft nur noch Beten.«   VS 19

Ein Bruder entsagte der Welt und teilte seine Habe an die Armen aus, behielt aber einen geringen Betrag zur eigenen Verfügung zurück und kam so zu Vater Antonios. Der Alte bemerkte das und sagte zu ihm: »Wenn du ein Mönch werden willst, dann gehe in dieses Dorf hier, kaufe Fleisch, hülle deinen bloßen Leib darin ein und komme so wieder her!« Und als der Bruder dies befolgte, rissen die Hunde und die Raubvögel Wunden in seinen Leib.

Als er wieder zu dem Alten zurückkam, wollte dieser wissen, ob er seinen Rat befolgt habe. Wie er nun auf seinen zerschundenen Leib hinwies, da sagte der heilige Antonios: »So wird, wer der Welt entsagt und dennoch weltlichen Besitz haben will, von den Dämonen in Kämpfe verstrickt und zuschandengeschlagen.«   VS 20

Einem Bruder widerfuhr einst eine Versuchung im Koinobion des Vaters Elias. Von dort verstoßen, ging er zu Vater Antonios auf den Berg. Und der Bruder blieb eine Zeitlang bei ihm, dann schickte er ihn fort, zurück in das Koinobion, von dem er weggegangen war. Die aber erblickten ihn, und schon verstießen sie ihn wieder.

Er kehrte zu Vater Antonios zurück und sagte: »Sie wollten mich nicht aufnehmen, Vater.« Nun ließ ihnen der Alte ausrichten: »Ein Schiff scheiterte auf See, verlor seine Fracht und wurde mit Müh und Not glücklich an Land gezogen. Ihr jedoch besteht auf dem Untergang für das, was aufs Land gerettet werden konnte.«

Als sie aber gehört hatten, daß Vater Antonios ihn

(mit dieser Botschaft) schickte, nahmen sie ihn sogleich auf. VS 21

Der Körper hat, wie ich meine, eine aus seiner Natur
sich herleitende und ihm gemäße Art der Bewegung.
Er wird nur tätig, wenn die Seele es will, und sie gibt
ihm das Signal zu einer Bewegung, ohne in leiden-
schaftliche Bewegung zu geraten.
Aber noch eine zweite Art der Bewegung gibt es: die
aus der Ernährung und Erwärmung des Körpers
durch Speise und Trank. Da treibt dann die Hitze des
Blutes den Körper dazu, sich zu betätigen. Darum
sagt der Apostel: »Berauscht euch nicht mit Wein –
das macht zügellos!« (Eph. 5,18) Und an anderer
Stelle trägt der Herr im Evangelium den Jüngern auf:
»Nehmt euch in acht, daß Rausch und Trunkenheit
euch nicht niederziehen!« (Luk. 21,34)
Aber noch eine dritte Art der Bewegung gibt es für
die, welche noch im asketischen Kampf sich mühen:
Sie kommt aus der Nachstellung und dem Neid der
Dämonen.
Daher muß man wissen: Dreierlei Arten, daß der
Körper in Aktion tritt, gibt es. Erstens die naturge-
mäße, zweitens die aufgrund der wahllosen Auf-
nahme von Nahrung, drittens die von Dämonen
verursachte. VS 22

Der gegenwärtigen Generation mutet Gott nicht solche Kämpfe zu wie den früheren. Denn er weiß, daß
die Menschen schwach sind und nicht (so viel) aushalten. VS 23

Dem Vater Antonios wurde in der Wüsteneinsamkeit geoffenbart: »In der Stadt gibt es jemanden, der dir ähnlich ist, Arzt von Beruf. Was er erübrigen kann, gibt er denen, die Not leiden, und den ganzen Tag singt er mit den Engeln das Dreimal-Heilig.« VS 24

Es naht eine Zeit, daß die Menschen von Sinnen geraten; und sobald sie jemanden sehen, der nicht wahnsinnig ist, werden sie sich über ihn empören und sagen: »Du bist von Sinnen«, – weil er ihnen nicht ähnlich ist. VS 25

Brüder kamen zu Vater Antonios und legten ihm eine Stelle aus dem Buch Leviticus vor. Ging der Alte hinaus in die Wüste, und Vater Ammonas, in Kenntnis seiner Gepflogenheiten, folgte ihm insgeheim. Und als sich der Alte weit hinausbegeben hatte, stellte er sich zum Gebet hin und rief laut: »O Gott, schicke mir Mose, und er soll mich unterweisen über diesen Satz!« Und eine Stimme kam und sprach mit ihm.
Vater Ammonas berichtete also: »Die Stimme, die mit ihm redete, hörte ich zwar; aber den Sinn ihrer Rede begriff ich nicht.« VS 26

Drei der Väter hatten den Brauch, sich alljährlich zu dem seligen Antonios zu begeben; und zwei von ihnen befragten ihn über die Gedanken und die Rettung der Seele, der dritte aber fragte nichts, sondern schwieg still. Nach langer Zeit sagte Vater Antonios: »Sieh, so lange kommst du nun schon hierher und hast keine Frage an mich.« Und jener antwortete ihm: »Es genügt mir, dich nur zu sehen, Vater.« VS 27

Es heißt, daß einer der Alten Gott darum gebeten habe, die Väter sehen zu dürfen, und daß er sie gesehen habe – außer Vater Antonios. Also fragte er den, der sie ihm zeige: »Wo ist Vater Antonios?« Der aber sprach zu ihm: »An dem Ort, an dem Gott ist, dort ist er.« VS 28

Wurde in einem Koinobion ein Bruder verleumdet, er habe buhlerischen Umgang, und er machte sich auf und ging zu Vater Antonios; und auch die Brüder aus dem Koinobion kamen, um für ihn zu sorgen und ihn mitzunehmen; und sie begannen, ihn zurechtzuweisen: »Das hast du getan!« Er aber suchte sich zu verteidigen: »Ich habe nichts Derartiges getan.«
Es traf sich gut, daß Vater Paphnutios Kephalas gerade dort war, und er trug ihnen das folgende Gleichnis vor: »Ich sah am Flußufer einen Menschen, der bis zu den Knien in den Schlamm geraten war; und einige kamen, um ihm die Hand zu reichen, – und drückten ihn bis zum Hals ins Wasser.«
Sprach zu ihnen Vater Antonios über Vater Paphnutios: »Da seht ihr einen Menschen ohne Trug: einen Seelsorger und Seelenretter.«
Schmerzlich betroffen von der Rede der Alten, warfen sie sich nieder zur Metanie[4] vor dem Bruder; und von den Vätern getröstet, nahmen sie den Bruder mit ins Koinobion. VS 29

Einige behaupteten von Vater Antonios, er sei ein Geistträger[5], wolle aber wegen der Menschen nicht reden. Er konnte ja das, was gegenwärtig in der Welt vorging, und das, was in der Zukunft kommen sollte, kundtun. VS 30

Vater Antonios bekam einmal ein Schreiben des Kaisers Konstantin, daß er nach Konstantinopel kommen möge, und er dachte nach, was er tun solle. Also fragte er Vater Paulos, seinen Schüler: »Soll ich hingehen?« Und der sprach zu ihm: »Wenn du hingehst, dann heißt du ›Antonios‹, wenn du nicht hingehst, ›Vater Antonios‹.« VS 31

Vater Antonios sprach:
Ich fürchte Gott nicht mehr, sondern liebe ihn. Denn »die Liebe vertreibt die Furcht.« (1 Joh. 4, 18) VS 32

Immer habe die Gottesfurcht vor Augen! Denke an ihn, der Tod und Leben gibt!«
Hasset die Welt und alles Weltliche! Hasset alle fleischliche Ruhe! Wendet euch ab von diesem Leben, um für Gott zu leben! Bleibt eingedenk dessen, was ihr Gott versprochen habt! Er fordert es nämlich von euch ein am Tag des Gerichtes. Unterzieht euch dem Hunger und dem Durst, leidet Blöße, verzichtet auf Schlaf, trauert, weint, klagt in euerem Herzen! Prüft euch, ob ihr Gottes würdig seid! Verachtet euer Fleisch, um euere Seele zu retten! VS 33

Besuchte Vater Antonios einmal Vater Amun auf dem Berg der Nitria[6]; und während sie beisammen waren, sagte Vater Amun zu ihm: »Nachdem durch deine Gebete die Zahl der Brüder immer größer geworden ist und einige von ihnen Klausen weiter weg errichten wollen, um in heiliger Ruhe leben zu können – zu welchem Abstand zwischen den neuen Klausen und denen hier rätst du?« Er sprach: »Wollen wir um die neunte Stunde (d. i. gegen fünfzehn Uhr) essen und dann hinausgehen und durch die Wüste wandern und uns den Ort ansehen.«

Nachdem sie durch die Wüste gewandert waren bis zum Sonnenuntergang, sprach Vater Antonios: »Laß uns beten und dann hier ein Kreuz aufstellen. Hier sollen dann diejenigen, die dies wollen, ihre Klausen errichten. So können die Mönche von dort, wenn sie diese besuchen wollen, nach Einnahme ihrer kleinen Mahlzeit um die neunte Stunde ihren Besuch machen; und die von hier aufbrechen, verfahren ebenso und können ohne Ablenkung bei den anderen zu Besuch sein.«

Der Abstand beträgt zwölf Meilen. VS 34

Wer einen Klumpen Eisen mit dem Hammer bearbeitet, denkt erst darüber nach, was er anfertigen will: eine Sichel oder ein Schwert oder eine Axt. So müssen auch wir nachdenken, auf welche Tugend wir hinarbeiten wollen, damit wir uns nicht ziellos abmühen. VS 35

Demut verbunden mit Enthaltsamkeit bezwingt wilde Tiere. VS 36

Ich weiß von Mönchen, die nach vieler Bemühung zu Fall kamen und in Verrücktheit geraten sind, weil sie ihr Hoffen auf ihr eigenes Werk gesetzt hatten, sich verrechneten und nicht an das Gebet dessen dachten, der sprach: »Frag deinen Vater, er wird es dir angeben.« (Deut. 32,7) VS 37

Es soll der Mönch, wenn möglich, den Vätern getrost anvertrauen, wie viele Schritte er geht oder wie viele Tropfen er trinkt in seiner Zelle, ob er nichts falsch macht. VS 38

AUS DEN BRIEFEN

Hieronymus berichtet, Antonios habe an verschiedene Klöster sieben Briefe in koptischer Sprache geschrieben und sie lägen bereits in griechischer Übersetzung vor. Auch Übertragungen ins Syrische und Arabische wurden angefertigt. Im Jahr 1516 wurde eine Übersetzung (von Valerius de Sarasio) aus dem Griechischen ins Lateinische gedruckt. Dann ging der griechische Text verloren. Eine weitere Übersetzung ins Lateinische, diesmal aus dem Arabischen, wurde 1641 von Abraham Echellensis angefertigt. Seit 1888 weiß man (durch die Publizierung des Inventars der georgischen Handschriften des Katharinenklosters am Sinai) auch von einer georgischen Übersetzung.

In den einzelnen Sammlungen ist die Reihenfolge der Briefe und z. T. auch ihre Anzahl uneinheitlich [1]. Sieben der Briefe gelten heute allgemein als echt. In der koptischen Sprache des Originals ist Nr. 7 ganz erhalten, sowie der Anfang von Nr. 3 und der Schluß von Nr. 6. Den nach heutigem Wissensstand zuverlässigsten Gesamttext bietet die georgische Fassung. Ihre durch Garitte erstellte Übertragung ins Lateinische haben wir unserer Übersetzung zugrunde gelegt. In Zweifelsfällen und für Lücken wurden die beiden o. g. lateinischen Fassungen herangezogen. Die Zählung der Briefe (rö-

mische Ziffern) übernahmen wir mit Garitte der georgischen Tradition und folgen ihm auch in seiner Zählung der Sätze (arabische Ziffern).

Um einen Vergleich zu ermöglichen mit den lateinischen Übersetzungen, die in Migne PG abgedruckt sind, geben wir unten anschließend eine Tabelle für die Konkordanz der unterschiedlichen Zählung in den verschiedenen Traditionen.

Garitte nennt die sieben Briefe die ältesten und wichtigsten monastischen Dokumente. Hieronymus hebt hervor, daß sie in Geist und Inhalt den Apostelbriefen ähnelten. Um so mehr erstaunt es, daß sich die Forschung in Deutschland kaum mit ihnen beschäftigt hat. Unseres Wissens wird hier zum ersten Mal der Versuch einer Übersetzung ins Deutsche unternommen. Da sich in den Briefen viele Wiederholungen kürzerer und längerer Abschnitte finden und hier nicht die philologische Arbeit im Vordergrund steht, sondern die Vermittlung der Lehre des heiligen Antonios, haben wir uns entschlossen, aus allen sieben Briefen Abschnitte auszuwählen und zu einer einigermaßen zusammenhängenden Darstellung seiner Theologie zu gruppieren.

Konkordanz

	G	L	A	K
Nr.	I	I	I	–
Nr.	II	IV	II	–
Nr.	III	V	V	V
Nr.	IV	II	VI	–
Nr.	V	III	VII	–
Nr.	VI	VI	III	III
Nr.	VII	VII	IV	IV

Es ist bezeichnet mit
G die georgische Überlieferung,
L die lateinische, die auf die griechische zurückgeht (bei Migne: Valerius de Sarasio),
A die arabische (bei Migne: Abraham Echellensis),
K die koptische.

(nach Garitte[1], S. VIII)

Euch, meine Lieben, die ihr euch aufgemacht habt zu
Gott, grüße ich im Herrn: Kleine und Große, Männer
und Frauen; euch, die ihr in Anbetracht euerer geistigen Natur die wahren Kinder Israels seid. IV 2

Euere menschlichen Namen, die ihr als Leibwesen
tragt, muß ich nicht niederschreiben; sie sind ja vergänglich. Wenn der Mensch den Namen kennt, der
ihn wirklich bezeichnet, dann erkennt er auch den
Namen der Wahrheit.
Deshalb blieb Jakob Jakob und hieß weiter so, als er
die ganze Nacht mit dem Engel kämpfte; aber als es
hell wurde, bekam er seinen (wahren) Namen Israel.
Dieser Name bedeutet: Verstand, der Gott sieht[2].
(Gen. 32, 25–31) VI 5-6

Fürwahr, großes Glück wiederfuhr euch, und große
Gnade wurde dieser eurer Generation zuteil. Um Gottes willen, der euch heimgesucht hat, dürft ihr allerdings im Kampf nicht müde werden, bis ihr euch selbst
ihm zum Opfer darbieten könnt in aller Lauterkeit,
ohne die niemand Erbe Gottes werden kann. IV 3-4

Ich höre nicht auf, Tag und Nacht Gott für euch zu
bitten, daß ihr seine Gnade gegen euch erkennen
könnt. Denn nicht nur ein einziges Mal hat Gott seine
Schöpfung heimgesucht, sondern von Anbeginn der
Welt an sorgt Gott für seine Geschöpfe, indem er von
Generation zu Generation ein jedes erweckt durch
die Begegnung mit seiner Gnade.

Versäumt nicht, Gott Tag und Nacht anzuflehen, und bezwingt den Vater in seiner Güte, und er wird euch vom Himmel her Ihn senden, der euch unterweist, bis ihr erkennt, was für euch gut ist.   III 3-5

So ist es wahrhaftig euere große Aufgabe, euch in die Erkenntnis euerer Geistnatur zu vertiefen. In ihr gibt es weder Männlich noch Weiblich, sondern hier gilt nur unser unsterblicher Wesenskern, der zwar einen Anfang, keineswegs aber ein Ende hat. Darüber müßt ihr euch unterrichten, wie dieser so völlig heruntergekommen ist zu solcher Erniedrigung und Unlauterkeit, die alle erfaßt und auch euch erreicht hat. Denn dieser Wesenskern ist unsterblich und nicht dazu bestimmt, zusammen mit dem Körper zu vergehen.   IV 5-6

DER HEILSPLAN GOTTES

Nicht nur ein einziges Mal hat Gott sich seinen Geschöpfen zugewandt; nein, von Anbeginn der Welt an begleitet Gott alle, die gemäß dem Urgesetz des Gottesbundes auf ihn zugehen, mit seiner Güte, seiner Gnade und seinem Geist.
Ich spreche von den vernünftigen Geschöpfen, die zugleich einen Leib besitzen, – sie wurden wegen der Leidenschaften ihrer Seele hinfällig und todverfallen, so daß sie nicht mehr fähig sind, ihren Verstand so zu gebrauchen wie im Urzustand ihrer Erschaffung – und von ihnen sage ich, daß sie ganz unvernünftig ge-

worden sind und nicht dem Erschaffer dienen, sondern dem Geschaffenen.

Der All-Erschaffer aber hat uns (wegen unserer Todesverfallenheit) in seiner großen Güte heimgesucht mit dem Urgesetz des Gottesbundes[3]. Denn unser Wesen ist unsterblich; und alle, die durch dieses Urgesetz unterwiesen wurden vom Heiligen Geist und den Geist der Kindschaft empfingen, wurden fähig, den Schöpfergott anzubeten, wie es recht ist. (...)

Aber in seiner treuen Liebe wollte er, der All-Erschaffer, uns in unserer Hinfälligkeit und Zerstreuung heimsuchen: Er ließ Mose als Gesetzesbringer erstehen, der uns das geschriebene Gesetz gab. Dieser legte das Fundament für die Wohnstätte der Wahrheit, d. h. für die universale Kirche, welche die Einheit aller darstellt. Denn Gott wollte uns wieder zu unserem uranfänglichen Zustand gelangen lassen. Mose begann mit dem Bau, mußte ihn aber unvollendet lassen. Darauf erweckte Gott durch seinen Geist die Propheten. Sie bauten auf Moses Fundamenten weiter; aber auch sie konnten den Bau nicht vollenden, sondern mußten ebenso schon vorher abtreten. Alle, die mit dem Geist ausgestattet (wörtlich: bekleidet) waren, sahen, daß die Wunde unheilbar geworden war und daß die Schöpfung kein Heilmittel aufbieten konnte. Heil bringen konnte nur der Eingeborene (Sohn), der wahre Logos des Vaters und Ebenbild dessen, der alle vernunftbegabten Geschöpfe als Abbilder seines Ebenbildes geschaffen hat. Sie wußten, daß der Retter ein großer Arzt ist. Sie vereinten sich und baten für uns, die wir Glieder dieses großen Organismus sind, und riefen: »Gibt es denn keinen Balsam in Gilead? Wundarzt ist keiner dort? Warum kommt er nicht her, um die Tochter, mein Volk, zu heilen? (Jer. 8,22) Heilen wollten wir sie, doch sie wurde nicht heil. Nun also, lassen wir sie und gehen wir weg!« (Jer. 51,9) II 2-23

Ferner flehte auch die gesamte Schar der Heiligen vereint die Güte des Vaters an um einen Retter für uns, daß er auf Erden wandle zu unser aller Heil, als unser erhabener und getreuer Hoherpriester und wahrer Arzt, der allein unsere ungeheuere Wunde zu heilen vermag. IV 10-11

Gott kam zu uns in seiner überströmenden Liebe und sprach durch seine Heiligen (Propheten): »Menschensohn, bereite dir alles vor für die Gefangenschaft!« (Ez. 12,3) Denn er war Gottes Ebenbild (2 Kor. 4,4), hielt seine Göttlichkeit aber nicht fest wie Raubesbeute. II 18-19

Deshalb entäußerte er sich seiner Herrlichkeit nach dem Willen des Vaters, blieb Gott und nahm Knechtsgestalt an (Phil. 2,6f.) und lieferte sich aus wegen unserer Sünden. Unsere Sünden drückten ihn zur Erde nieder, aber durch seine Wunde sind wir alle geheilt (Jes. 53,5). Deshalb, geliebte Kinder im Herrn, sollt ihr wissen: Für unsere Torheit wählte er Törichtes, und für unsere Schwachheit nahm er die Gestalt der Schwachheit an; um unserer Armut willen wurde er arm, und wegen unseres Todes hüllte er sich in die Gestalt eines Sterblichen. IV 12-14

Er war gehorsam bis zum Tod, ja bis zum Tod am Kreuz. Darum hat Gott ihm den Namen verliehen, der größer ist als alle Namen, damit alle im Himmel, auf der Erde und unter der Erde ihre Knie beugen vor dem Namen Jesus Christus; und jeder Mund wird bekennen: Jesus Christus ist der Herr – zur Ehre Gottes des Vaters. (Phil. 2,6–11)

So zeige sich nun an euch, meine Lieben, daß das Schriftwort in Erfüllung ging: Der Vater in seiner Güte hat seinen Eingeborenen (Sohn) nicht verschont, sondern hat ihn hergegeben für unser aller Heil und hat ihn hingegeben für unsere Sünden. Unsere Sünden drückten ihn zur Erde nieder, aber durch seine Wunde sind wir geheilt. (Jes. 53,5)   II 18–21

Durch seinen Tod verlieh er uns allen die Auferstehung, um den Teufel zu vernichten, der die Herrschaft über den Tod innehatte. Wenn wir die Erlösung annehmen, die er uns durch seine Herabkunft vermittelt hat, dann werden wir als Jünger Jesu erkannt, und wir erlangen durch ihn das Erbe von Gott.   V 44–45

Wegen unserer Sündhaftigkeit, wegen der Verwirrung in uns durch das Böse und wegen unserer schlimmen Hinfälligkeit ist die Herabkunft Christi für einige zur Versuchung geworden, für andere ein Gewinn, für wieder andere bedeutet sie Weisheit und Stärke (1 Kor. 1,18–24), für andere Auferstehung und Leben.

Seid versichert, daß seine Herabkunft das Gericht über die ganze Welt bedeutet; denn es heißt: Seht, es werden Tage kommen – Spruch des Herrn –, in denen alle, klein und groß, mich erkennen werden; niemand wird mehr seinen Nächsten, niemand mehr seinen Bruder belehren und sagen: »Erkenne den Herrn!« (Jer. 31,31 und 34). Ich werde dafür sorgen, daß sein Name überall bis ans Ende der Erde gehört wird, damit jeder Mund verstummt und die ganze Welt sich Gott unterwirft (Röm. 3,19).   V 33–37

BERUFUNG

Meiner Meinung nach gibt es unter den Menschen, die zur Liebe Gottes gefunden haben – gleich, ob Männer oder Frauen, – drei Arten.
Die einen wurden berufen durch das Gesetz der Liebe, das ihrer Natur eingeschrieben ist, und durch ihren ursprünglichen guten Zustand, der dieser Natur zu eigen ist von ihrer Erschaffung an. Wenn das Wort Gottes sie erreicht, zögern sie nicht im geringsten, sondern folgen bereitwillig. So war es mit Abraham, dem ersten Patriarchen. Gott sah, daß dieser imstande war, ihn zu lieben nicht dank einer Unterweisung durch Menschen, sondern weil er dem ihm innewohnenden natürlichen Gesetz folgte, das ihm am Anbeginn eingeschrieben worden war, als er gebildet wurde. Er offenbarte sich ihm und sprach zu ihm: »Zieh weg aus deinem Land und aus deinem Vaterhaus und geh in das Land, das ich dir zeigen werde, und habe kein doppeltes (gemeint ist: habe ein einfaches) Herz!« (Gen. 12,1). Ohne zu zögern, bereit, dem Anruf zu folgen, zog Abraham weg aus

seinem Land und wurde zum Vorbild für jene, die am Anfang dieses Weges stehen. Wenn sie sich danach richten und ihr Herz bereitmachen, dem Heiligen Geist zu folgen, dann werden sie das Verheißene in leidenschaftsloser Ruhe erlangen. Dies ist die erste Art.

Zur zweiten Art gehören jene, die gehört haben, daß das geschriebene Gesetz ihnen das Gericht ankündigt, das die Sünder treffen wird, und die Verheißungen, die an jene ergehen, die gute Früchte tragen in der Furcht des Herrn. Dieses Zeugnis der Schrift erweckt in ihnen den Gedanken, ihrer Berufung nachzukommen[4]. Dies bezeugt David mit den Worten: »Die Weisung des Herrn ist vollkommen, sie erquickt den Menschen« (Ps. 19,8), und an anderer Stelle (Ps. 119,130): »Die Erklärung deiner Worte bringt Erleuchtung, den Unerfahrenen schenkt sie Einsicht.« Noch sehr viele andere Stellen der Schrift sagen dies; aber wir können sie nicht alle anführen.

Die dritte Art der Berufung ist die folgende: Manche haben anfangs ein fühlloses Herz und verharren in Werken der Sünde. Aber der barmherzige Gott schickt ihnen Mühsale, um sein Mißfallen auszudrükken, bis sie durch dieses Leid wissend werden und herzlich bereuen, umkehren und auf den Anruf eingehen und Buße tun aus ganzem Herzen – und auch sie vollbringen rühmenswerte Werke, so wie jene, von denen oben die Rede war.

Dies sind also die drei Wege für die Menschen zu ihrer Ausrichtung auf Gott hin, um die Gnade und die Berufung als Kinder Gottes zu erlangen.[5] 1 1–17

Als die Apostel dazu gelangten, den Geist der Kindschaft zu empfangen, da unterwies sie der Heilige Geist, (Gott als) den Vater anzubeten, wie es recht ist.

Und mir, dem Armen und Geschmähten Christi, brachte die Zeit, in die ich gekommen bin, Freude, Klage und Weinen. Denn viele von uns haben sich zwar bekleidet mit der Verehrung Gottes, erkennen aber sein machtvolles Wesen nicht.

Über diejenigen, die zur Erlösung durch die Herabkunft Jesu gelangt sind, freue ich mich.

Über diejenigen, die unter Berufung auf Jesus geschäftig sind und (doch immer noch) dem Willen ihres eigenen Herzens und Körpers folgen, klage ich.

Über diejenigen, welche angesichts der Länge der Zeit (die bis zu einem Erfolg vergeht) mutlos geworden sind und das Kleid der Verehrung Gottes abgelegt haben und wie unvernünftige Tiere geworden sind, – diese beweine ich.

Merkt also, daß für diese armen Menschen die Herabkunft Jesu zum Grund für ihre Verurteilung geworden ist. Ihr aber, Geliebte im Herrn, erkennt euch selbst, um auch diese Zeit zu begreifen, und richtet euch darauf aus, euch selbst als angenehme Opfergaben Gott darzubringen! VI 31-38

DIE GEFALLENE MENSCHENNATUR

Der Mensch als Gottes Ebenbild
Ihr, die ihr euch auf den Weg zu Gott begeben habt, müßtet das Heil euerer Seele aufgrund des Urgesetzes durch den Gottesbund suchen. Aber wegen der

großen Zahl unserer Sünden, wegen der Verkehrtheit unserer Lebensführung und wegen der Begehrlichkeit unserer Leidenschaften bedeutete uns die Verheißung immer weniger, und die Sinne unserer Seele wurden stumpf. Deshalb – also wegen des Todes, dem wir verfallen sind – können wir durch sie (die Sinne unserer Seele) unsere herrliche Geistnatur nicht mehr erkennen. Deshalb heißt es in der Heiligen Schrift: Wie in Adam alle sterben, so werden in Christus alle lebendig gemacht werden (1 Kor. 15,22).

Christus ist also das Leben für jedes vernunftbegabte Geistwesen, das als Abbild des göttlichen Ebenbildes geschaffen ist. Denn Christus ist wahrhaftig der Logos des Vaters und sein unwandelbares Ebenbild. Aber das Wesen der Geschöpfe, die als Abbilder dieses Ebenbildes geschaffen sind, ist wandelbar. Damit fielen wir der Sünde anheim, verfielen dem Tod und verdarben unsere geistige Natur. Alles, was aus diesem Grunde unserer geistigen Natur fremd ist, führte dazu, daß wir zu einer Wohnstatt der Finsternis wurden, erfüllt von Widersprüchlichkeit (wörtlich: von Kampf). Ich bezeuge euch, daß uns in diesem Zustand jegliches Wissen um das Gute fehlte. Deshalb sah Gott, unser Vater, unsere Hinfälligkeit, daß wir nämlich nicht imstande waren, uns mit der Wahrheit zu bekleiden; und in seiner Güte suchte er seine Geschöpfe heim.   V 6–15

Unsere Gefährdung

Wissen sollt ihr auch, Kinder, von dem großen Schmerz, den ich um euch leide, wenn ich die schlimme Verderbtheit sehe, die über alle Menschen gekommen ist, und erwäge, wie sehr alle Heiligen sich um euch mühen und unaufhörlich für euch im Gebet zu Gott aufseufzen. Sie sehen das Werk unseres Schöpfers und verachten alle Bosheiten und Schlingen des Teufels und seiner Unheilsengel, die unaufhörlich auf unser Verderben aus sind. Denn weil ihnen allen die Hölle sicher ist, wollen sie auch uns auf ihre Seite ziehen. Wahrlich, meine Lieben im Herrn, ich spreche, wie man zu Verständigen spricht, damit ihr alle Heilspläne unseres Schöpfers für uns erkennt. Sie werden uns offenbar durch ausdrückliche und durch verhüllte Akte der Verkündigung.

Wir heißen Vernunftwesen. Aber unser Sinn ist unvernünftig, solange wir nicht Bescheid wissen um die schwer erkennbaren Anschläge und die vielfältigen Trugkünste des Teufels, worin sie bestehen und woran man sie erkennt. Sie (d. h. der Teufel und sein Gefolge) haben ja bemerkt, daß wir unsere Verderbtheit zu erkennen versuchen und daß wir danach trachten, ihrem Einfluß auf uns ein Ende zu setzen; und zwar in zweifacher Absicht: einerseits, damit wir nicht selbst ihren bösen Einflüsterungen gehorchen, und andererseits, damit auch möglichst wenig andere aus unserem Kreis sich ihren Bestrebungen anschließen, sondern auch selbst die Nachsicht des Schöpfers erkennen, nämlich daß ihnen nur der Tod in dieser Welt bevorsteht, daß aber jene Verworfenen wegen ihrer Sorglosigkeit in die Hölle eingehen müssen. IV 17–26

Stolz als Ursache des Falles

Weil wir ausgestattet mit Freiheit erschaffen sind, deshalb versuchen uns die Dämonen fortwährend. (...) Daher sollt ihr, meine Kinder, wissen: Seit Erschaffung der Welt bis heute werden alle, die sich vom tugendhaften Leben ausgeschlossen und ihre bösen Werke verübt haben, zu den Kindern des Teufels gezählt. Und sie alle wissen dies; und deshalb versuchen sie, auch uns so weit zu bringen, daß wir nach unserem (bösen) Eigenwillen handeln. Denn es steht fest: Weil der Teufel weiß, daß er durch seinen unbotmäßigen Stolz vom Himmel herabgestürzt worden ist, tritt er seinerseits heran an jene, die es im Tugendleben weit gebracht haben. Die teuflischen Versucher sind wahre Meister darin, unsere Neigung zu unbotmäßigem Stolz auszunutzen, damit jeder der Feind des anderen werde; denn sie wissen, daß sie uns dadurch von Gott abtrünnig machen.

Und weil sie wissen, daß diejenigen, welche ihren Nächsten lieben, auch Gott lieben, deshalb säen sie – Feinde der Tugend, die sind – die Saat der Feindschaft in unser Herz, damit wir große Feindschaft hegen gegen den anderen und mit dem Nächsten, nicht einmal mehr aus der Ferne reden wollen.

Auch dies, meine Kinder, sollt ihr noch wissen: Es gibt sehr viele, die den ernsthaftesten Kampf um ein heiligmäßiges Leben aufgenommen haben; aber der Mangel an Unterscheidungsfähigkeit ließ sie scheitern. Wahrhaftig, Kinder, ihr dürft euch nicht wundern, wenn ihr aus Sorglosigkeit um euch selbst und wegen mangelnder Unterscheidungsfähigkeit dem Teufel verfallt, obwohl ihr meint, schon in die Nähe zu Gott aufgestiegen zu sein, und wenn euch, während ihr das strahlende Licht erwartet, die Finsternis ergreift.

War es denn nötig, daß Jesus sich mit dem Linnentuch umgürtete und die Waschschüssel hinsetzte und so tief unter ihm Stehenden die Füße wusch? Nein; er tat dies, um uns ein Beispiel zu geben, und zwar ein Gegenbeispiel zu dem, was gleich am Anfang im Himmel geschah: Der Abfall von Gott beginnt mit dem Stolz, und dieser trat gleich zu Anbeginn auf. Und wenn umgekehrt du nicht schließlich ganz demütig wirst in deinem Herzen, in deinem Geist, in deiner ganzen Seele und an deinem ganzen Leib, dann kannst du Gottes Reich nicht in Besitz nehmen. (...) Denn nur, wer erst seine Verderbtheit erkannt hat, wird auch nach der ihm zugesagten Herrlichkeit suchen; und wer seinen geistigen Tod erkannt hat, wird auch sein ewiges Leben erkennen. IV 101–113

Dämonische Eingebungen

Ihr sollt wissen, meine Kinder, daß ich unablässig Tag und Nacht für euch zu Gott flehe: Er möge die Augen eueres Herzens öffnen, damit ihr euch vorseht vor der nur zu oft verborgenen Bosheit der Dämonen, mit der sie uns in dieser gegenwärtigen Zeit bei allem zusetzen. Auch bete ich, er möge euch ein wissendes Herz und den Geist der Unterscheidung geben, damit ihr euer Herz als gottgefälliges Opfer darbringen und rein und makellos vor den Vater treten könnt.

Wahrhaftig, meine Kinder, ihren Neid auf uns stellen die Dämonen zu jeder Stunde unter Beweis: durch böswillige Absicht, durch ihre unablässige Nachstellung, durch ihre Bosheit, durch Gedanken des Irrtums oder der Lästerung, auch durch mancherlei Unehrlichkeit, die sie unseren Herzen eingeben, und durch vielerlei Beunruhigungen, die sie zu jeder Stunde über uns bringen; ferner durch die Verblendung unseres Geistes, durch die sie uns unaufhörlich bei allem zu Fall bringen wollen; ebenso durch alle Zornesausbrüche und gegenseitigen Eifersüchteleien, die sie uns beibringen; durch das Bestreben, uns selbst bei unserem Tun zu rechtfertigen, und durch die Verurteilung der anderen, die sie uns eingeben, selbst wenn wir allein sind; ferner indem sie uns dazu verleiten, über unseren Nächsten zu richten, obwohl er abwesend ist; weil wir durch die Vorurteile, die sie in unserem Herzen anhäufen, in hartherzigem Stolz verharren, einander verachten und Erbitterung hegen; zu jeder Stunde tadeln wir – den anderen, nur nicht uns selbst; wir meinen, unser Werk habe durch unsere eigene Tugend Bestand; als Richter über die offen Ertappten treten wir auf, während im Innern unseres Hauses der Eindringling alles ins Böse verkehrt; und die Dämonen sind am Werk bei den gegenseitigen Sticheleien, Rivalitäten und Gefühlsausbrüchen, bis wir endlich erreicht haben, daß unser Wort sich durchgesetzt hat, so daß wir, soweit das Auge reicht, im Recht zu sein scheinen; sie sind am Werk und begeistern uns für Bestrebungen, die wir dann doch nicht ausführen können; denn sie verleiten uns bald wieder zu vorschnellem Aufgeben, weil der Ertrag der Mühen Gewinn für uns wäre; und daß sie uns zum Lachen veranlassen zur Zeit des Weinens und zum Weinen zur Zeit des Lachens – um es kurz zu sagen: Immer ziehen sie uns vom rechten Weg weg auf alle möglichen Irrwege und machen uns in allem sich untertan. (...) IV 27-40

In Wahrheit sage ich euch, meine Kinder, daß dieses Gefäß, in dem wir uns befinden (nämlich der Körper), uns Verderben bringt und durchtobt ist von Kämpfen. Fürwahr, meine Kinder, ich sage euch: Jeder Mensch, der sich von seinem Eigenwillen verführen ließ, der den in ihm aufsteigenden Gedanken erlag, der sich vom Bösen ergreifen ließ und es in seinem Herzen keimen läßt, wer sich daran freut und es, als handle es sich um erhabene Mysterien, in seinem Verstande hegt und wer sich damit in seinem Tun rechtfertigt – eines solchen Menschen Seele lebt mit bösen Geistern zusammen und rät zum Bösen, und auch sein Körper gerät zu einem Verlies all der Verworfenheit, die sie in sich verbirgt. Unüberwindlich aber werden die Dämonen für einen solchen Menschen, weil er sie nicht offen entlarvt (und dadurch ihre Wirkung vernichtet). Wißt ihr nicht, daß ihre Fallstricke derart sind, daß wir sie nicht zweifelsfrei erkennen und ihnen ausweichen können? Nein, auch wenn du genau hinsiehst, du wirst die Verfehlung und die Sünde, die dir die Dämonen ansinnen, nicht mit Händen begreifen können; sind sie doch auch selber unsichtbar, da unkörperlich. IV 45-50

Aber wisset: Wir sind für sie körperlich vorhanden, und die Seele nimmt die dämonische Sündhaftigkeit in sich auf. Wenn die Seele die Dämonen in sich aufgenommen hat, dann bringt sie diese nach Belieben zum Vorschein – mit Hilfe des Körpers, in dem wir uns be-

finden. Daher nun, meine Kinder, laßt uns der Sünde
nicht Raum geben in uns! Sonst ziehen wir uns den
Zorn Gottes zu, und die Dämonen ergreifen von uns
als ihrer neuen Wohnung Besitz und spotten unser.
IV 51–53

Wer Gutes tut, trägt Gott in sich,
wer Böses tut, den Teufel
Wer hat jemals Gott gesehen, so daß er bei seinem
Anblick über etwas so Erhabenes Freude empfinden
konnte? Daß er Gott nicht etwa fernbleiben müßte,
sondern ihm zur Seite treten dürfte, wie wenn auch Er
dieses materiell beschwerte Dasein hätte! Oder wer
hat jemals den Teufel erblickt, wie er gegen uns an-
kämpft, wie er uns abhält, ein Verdienst zu erlangen,
und wie er unser Widersacher ist – wer hat ihn je leib-
haftig als Person auftreten sehen, so daß man sich
vorsehen und vor ihm fliehen könnte? Nein, beide
entziehen sich unserem Auge. Doch machen wir ihre
Anwesenheit sichtbar durch unsere Taten.   IV 54–55

Fürwahr, meine Kinder, ich wundere mich und er-
schrecke: darüber, daß wir uns alle von unseren Leidenschaften wie von einem Strudel hinabziehen
ließen und es genießen, wie Betrunkene den Wein. Jeder von uns hat sich selbst verkauft, weil er seinem eigenen Willen folgte. Dieser ist nun Herr über uns,
und wir wollen unsere Augen nicht mehr zum Himmel erheben, um die himmlische Herrlichkeit und die
Hilfe aller Heiligen zu suchen und um in ihre Spuren
zu treten, damit wir handeln wie sie und mit ihnen
das ewige Leben erlangen.   III 38–39

Diese meine Worte haltet euch immer vor Augen, geliebte Kinder im Herrn, heilige Abkömmlinge Israels, die ihr euch aufgemacht habt zu Gott und euch selbst als Opfergabe Gott in aller Heiligkeit darbringen wollt, weil niemand das Erbe erlangen kann ohne Heiligkeit. Oder wißt ihr nicht, meine Lieben, daß die Feinde der Tugend immer die Wahrheit bekämpfen? Und daher gebt acht, daß ihr keinen Schlaf über euere Augen kommen laßt und keinen Schlummer auf euere Lider, und ruft Tag und Nacht zu euerem Erschaffer, ob euch nicht Hilfe zukomme von Gott, der in der Höhe thront, damit unter seinem Schutz euere Herzen und Gedanken in Christus seien.

Denn fürwahr, meine Kinder, in einem Räuberhaus befinden wir uns und in Fesseln des Todes sind wir gehalten. Ich sage euch: Unsere Nachlässigkeit, unsere Neigung zur Selbstentwürdigung und unser Hang zur Abkehr vom Guten schaden nicht nur uns selbst, sondern schmerzen auch die Engel und alle Heiligen in Christus Jesus, weil wir sie dadurch noch immer nicht zur Ruhe kommen lassen. In Wahrheit, meine Kinder, diese unsere Entwürdigung ist für sie alle Grund zur Trauer, so wie andererseits unsere Erlangung des Heils und der Herrlichkeit ihnen allen Freude und Ruhe gibt.

Erkennt aber, daß die Güte des Vaters nicht aufhört, seit sie wirksam wurde, und uns immer mit Gnadentaten aufhilft bis heute, damit wir dem verdienten Tod entgehen. Denn wir sind frei geschaffen, und die

Dämonen lauern uns unablässig auf. Dies ist der Grund, weshalb geschrieben steht: »Der Engel des Herrn umschirmt alle, die Ihn fürchten, und er befreit sie« (Ps. 34,8).   IV 93–101

Wisset, welche Gegengabe wir dem Herrn reichen können für alle Gnade, die er uns in unserem Elend hier erwiesen hat! In seiner großen Güte und unbegreiflichen Liebe dachte er an uns und teilte an uns nicht nach dem Maß unserer Sünden aus; nein, er war so gütig, Sonne, Mond und alle Sterne uns in unserer finsteren Wohnstatt zu Diensten zu geben (Jer. 31,35) und ihnen zu befehlen, uns in unserer todverfallenen Nichtigkeit zu dienen. Noch andere Gewalten sind wirksam, verborgene, die er uns zu Diensten gemacht hat und die wir mit den Augen des Körpers nicht erblicken können.
Was werden wir Gott dafür am Gerichtstag zurückgeben? Oder welche seiner Gaben mangelt uns etwa, weil er sie uns vorenthalten hätte?   V 18–22

Haben nicht die Patriarchen für uns gelitten? Haben uns die Priester nicht belehrt? Haben nicht die Richter und die Könige für uns gekämpft? Sind nicht die Propheten für uns gestorben? Haben nicht die Apostel für uns Verfolgung gelitten? Ist Gottes lieber Sohn nicht für uns alle in den Tod gegangen?
So müssen nun wir uns bereiten, in Lauterkeit auf unseren Schöpfer zuzugehen.   V 23–25

(Heiliger) Geist und Verstand sind Partner, wenn der Verstand sich an die Weisungen des Geistes hält.

Dann lehrt ihn der Geist, alle Krankheit der Seele zu heilen; lehrt ihn, aus ihr zu entfernen eine jede Leidenschaft, die sie wegen der natürlichen Beschaffenheit des Leibes befallen hat, und von Kopf bis Fuß alle diejenigen Leidenschaften zu beseitigen, die schon in der Seele selbst, unabhängig vom Körper, vorhanden sind.

Der Geist leitet die Augen an, gut und lauter zu blikken und von Ungehörigem frei zu sein; sodann auch die Ohren, damit sie friedvoll hören, und so wollen sie Verfluchung und Schmährede von Menschen nicht vernehmen; denn Blick und Gehör waren daran krank. (...) Ferner reinigt der Geist den Mund; denn auch daran war die Seele schwer erkrankt; und so krank wie sie war, war auch die Rede, die sie den Mund vorbringen hieß. (...) Wenn sich der Verstand vom Geist belehren läßt, dann wird er erst geläutert und findet dann Worte und läßt sie durch den Mund aussprechen, und diese sind dann frei von Verkehrtheit und eigensinnigem Willen. (...) Ferner die Tätigkeit der Hände – wenn sie früher tätig waren in ungehörigen Taten durch eigensinnigen Willen des Verstandes, so verleiht ihnen nun der Geist durch Gebet die nötige Kraft zur Lauterkeit und zu Werken der Barmherzigkeit, so daß diese Werke durch sie bewirkt werden. An solchen Händen erfüllen sich die Gebetsworte: »Die Erhebung meiner Hände sei ein Abendopfer« (Ps. 141,2) und das Schriftwort »Die Hände der Tapferen teilen Reichtum aus« (Spr. 10,4).

Darauf läutert der Geist das Essen und Trinken des Leibes, auch wenn dieser darin einst unersättlich war, weil er durch die Willensregungen der Seele zu diesen Leidenschaften gebracht worden war und so unstillbar nach Speisen und Getränken verlangte. Ein Sieg von Dämonen war dies. (...) Dennoch gibt der Geist auch solchen Menschen, wenn sie hierin wieder Lauterkeit suchen, ein ihnen gemäßes Maß an Lauterkeit vor, entsprechend der Möglichkeit ihres Leibes, damit sie ungezügeltem Verlangen nicht mehr ausgesetzt sind. Hierbei erfüllt sich das Wort des heiligen Paulus: »Ob ihr also eßt oder trinkt oder etwas anderes tut, – tut alles zur Ehre Gottes« (1 Kor. 10, 31). Während durch die Übersättigung des Leibes Gedanken der Unlauterkeit entstehen, wird so hingegen der Verstand vom Geiste belehrt (...) und ist mit der Läuterung einverstanden, und die Leidenschaften vergehen vor der Kraft, die aus dem Geist kommt, und er gibt dem Leib Frieden und hemmt die Leidenschaft. Dies meint das Wort des heiligen Paulus: »Darum tötet, was irdisch an euch ist: die Unzucht, die Leidenschaft, die Begierde nach dem Bösen« (Kol. 3,5) und so weiter.

Auch die Füße, wenn sie früher nicht geradewegs auf Gott zugingen – nun hält der Verstand, der durch die Macht des Geistes ganz einfältig (wörtlich: ein einziger) geworden ist, sie an, zu gehen, wie der Geist will, damit sie besseren Werken zu Diensten sind.

So soll der ganze Leib verwandelt werden und sich der Herrschaft des Geistes unterstellen. Denn meiner Meinung nach besitzt dieser unser Leib bereits Anteil an jenem geistigen Leib, den wir bei der Auferstehung der Gerechten annehmen werden[6].   I 48–71

Jesus wußte, daß die Macht des Teufels auf dem Stoff beruht, aus dem »diese Welt« besteht. Deshalb rief er seine Jünger und sprach zu ihnen: »Sammelt ihr nicht Schätze auf Erden (Mat. 6, 19); und sorgt euch nicht um morgen; denn der morgige Tag wird für sich selbst sorgen (Mat. 6, 34).« VI 45-46

Ich bitte euch, meine Lieben, im Namen Jesu Christi: Laßt nicht ab von der Sorge um euer Heil. Jeder von euch zerreiße sein Herz und nicht sein Gewand (Joel 2, 13), damit wir uns nicht vergeblich in solcherlei Äußerlichkeit flüchten und uns dabei die Verdammung zuziehen. Denn seht, schon naht die Zeit, in der die Werke eines jeden von uns offenbar werden sollen. II 34-35

Nun zerreiße also jeder sein Herz und weine vor Gott und spreche: »Wie kann ich dem Herrn all das vergelten, was er mir Gutes getan hat?« (Ps 116, 12) (...) Wer von euch nicht alles Besitzen auf Erden aufgibt und nicht ihm und allem, was damit zu tun hat, aus ganzem Herzen absagt und die Hände seines Herzens nicht ausstreckt nach dem Himmel zum All-Vater, der kann nicht gerettet werden. Aber wer so tut, wie ich gesagt habe, über den erbarmt sich um seines Kämpfens willen Gott und schickt ihm das unsichtbare Feuer, und dieses tilgt in ihm jegliche Verunreinigung, und unser Geist wird lauter. Dann wohnt heiliger Geist in uns, und Jesus ist bei uns, und so können wir Gott anbeten, wie es recht ist. Wenn wir aber unseren Frieden machen mit der Welt, dann stellen wir uns gegen Gott und seine Engel und alle Heiligen. III 30–36

Aus Liebe zu euch bete ich für euch zu Gott, daß ihr auf euer Leben achtet und die unvergänglichen Güter als Erbteil erhaltet. Wahrhaftig, meine Kinder, auch wenn wir unsere ganze Kraft einsetzen, um Gott zu suchen, so sind wir deshalb noch keiner Auszeichnung würdig. Denn wir tun damit nur, was wir von unserer Natur aus schuldig sind. Denn jeder Mensch, der Gott sucht oder ihm dient, sucht ihn, weil dies seiner Natur gemäß ist. Von jeder Sünde aber, die wir uns zuschulden kommen lassen, gilt, daß sie etwas uns Wesensfremdes ist und nicht zu unserer Natur paßt. Fürwahr, meine lieben Kinder im Herrn, macht euch bereit, um euch selbst in Lauterkeit Gott als Opfergabe anbieten zu können. V 48–52

Wenn sich jemand aus ganzem Herzen Gott überliefert, dann sendet ihm der gütige Gott den Geist der Bußfertigkeit, und dieser weist ihn hin auf alle seine Verfehlungen, damit er sie bereue. Die bösen Feinde aber hindern ihn daran und versuchen ihn und wollen ihn nicht bereuen lassen. Wenn er standhält und dem Geist folgt, der ihn zur Buße anleitet, dann erbarmt sich der Schöpfer-Gott über diesen Kampf des Büßenden, der Buße tut durch körperliche Askese, durch langes Fasten, durch Nachtwachen, durch Eifer um das Wort Gottes, durch vieles Beten, durch Weltentsagung und Verzicht auf Menschenwerk, durch Demut und Armut im Geiste. Dies alles hält er durch; und dann sieht der gütige Gott seine Geduld in den Anfechtungen, erbarmt sich über ihn und hilft ihm[7].   I 75–78

Es haben sich manche mit ganzem Herzen (d. h. ungeteilten Herzens) auf den Weg begeben und es sich zur Aufgabe gesetzt, allen Angriffen des Feindes standzuhalten bis zum Sieg. Diese, so meine ich, hat der Heilige Geist zuvor berufen, und er macht es ihnen leicht, so daß ihr Werk der Buße ihnen süß wird. Er legt ihnen ihr jeweiliges Maß an Buße für Leib und Seele auf, bis daß er sie den Weg der Ausrichtung auf Ihn, den Schöpfer-Gott, lehrt. Er läßt sie hart sein gegen Seele und Leib, damit beide lauter seien und beide in gleicher Weise das Erbe erlangen. Der Körper wird geläutert durch Fasten und vieles Wachen. (…) Dann öffnet ihnen der Geist, der Führer der Seelen, die Augen ihrer Seele, damit auch sie ihr Bußwerk verrichte, um lauter zu sein. Der Verstand unterscheidet Seele und Leib und wird vom Geiste belehrt, wie Leib und Seele durch Buße geläutert werden.   I 18–27

Wenn die Seele auf dem beharrt, was der Geist dem Verstand bezeugt, dann hält sie sich und den Leib rein von der dreifach möglichen Ansteckung mit dem Bösen[8]. Versäumt aber der Verstand, das Zeugnis des Geistes vorzubringen, dann streuen böse Geister ihren Samen im Leib aus und kämpfen mit ihm, bis die Seele erschöpft ist und fragt, woher ihr Hilfe kommen kann, und bekehrt sich, unterstellt sich von neuem dem Zeugnis des Geistes und lebt wieder auf. Da glaubt sie daran, daß ihre Ruhe darin besteht, bei Gott zu sein und daß Gott ihr Friede ist.   I 42–45

Nehmt den Leib, mit dem ihr bekleidet seid, und macht ihn zu einem Altar! Legt all eueren Eigen-Sinn darauf ab, und laßt im Angesicht Gottes ab von jedem sündhaften Gedanken! Erhebt die Hände eueres Herzens (Ps 134,2) zu Gott und bittet ihn, euch jenes unsichtbare und erhabene Feuer zu schicken, daß es vom Himmel falle und den Altar und alles auf ihm verzehre. Und alle Priester des Baal und die Machenschaften der Feinde sollen sich fürchten und sollen fliehen vor euch wie damals vor dem Propheten Elija. Dann werdet ihr schließlich eine Wolke wie eines Menschen Spur auf dem Meere kommen[9] und einen geistigen Regen mit sich bringen sehen, nämlich die Tröstung durch den Tröster-Geist.   IV 73–77

SELBSTERKENNTNIS

Der vernünftige Mensch schickt sich an, die Erlösung anzunehmen, die Jesus durch seine Herabkunft vermittelt hat. Ein solcher Mensch kennt sich selbst gemäß seiner Geistnatur. Wer sich selbst kennt (d. h. wer weiß, wer und was er ist), kennt Gottes Heilsplan und sein Wirken für seine Geschöpfe.   VI 1–2

Ihr wißt, daß der, welcher sich selbst erkannt hat, Gott und seinen Heilsplan für seine Schöpfung kennt. (…)
Bereitet euch! Denn noch haben wir Fürsprecher, die Gott bitten können, daß er das Feuer, zu dessen Ausbreitung Jesus auf die Erde kam (Luk. 12,49), in euere Herzen lege. So könnt ihr euere Herzen und

Sinne darin üben, gut und böse, rechts und links, Gesundes und Krankhaftes zu unterscheiden. VI 40–44

Hüten wir uns vor falscher Liebe zu uns selbst! Denn sonst werden wir der abtrünnigen Schar der Dämonen angehören. Wer sich selbst erkannt hat, kennt alle Geschöpfe. Es steht geschrieben: »Er hat alles aus dem Nichts ins Dasein gerufen« (Weish. 1, 14). (...) Wer sich selbst auf die rechte Weise liebt, liebt gerade deshalb auch alle anderen (ebenso). IV 68–71

Auch dies möchte ich daß ihr wißt: Jesus Christus, unser Herr, ist wahrhaft der Logos (das Wort) des Vaters; im Logos ist die Gesamtheit der ganzen geistbegabten Natur hervorgebracht, besonders aber der Kreis derjenigen Geschöpfe, die geschaffen sind als Abbilder vom Bild des Urbildes, das er selber ist. Er ist das Haupt der ganzen Schöpfung und des Leibes, den die Kirche vorstellt. So befinden wir uns alle zueinander im Verhältnis von Gliedern eines Leibes [10] und bilden miteinander den Leib Christi. Der Kopf kann nicht zu den Füßen sagen: Euch brauche ich nicht. Sondern wenn ein einziger Teil leidet, wird der ganze Leib in Mitleidenschaft gezogen und leidet mit.
Wenn aber die Teile des Körpers sich verselbständigen, die Verbindung zu ihrem Haupt abreißen lassen und sich der Sündhaftigkeit zuwenden wegen ihrer Leidenschaften, dann haben sie sich eine unheilbare Wunde zugefügt. Denn sie haben das Wissen um ihren Ursprung und um ihr Ziel vergessen. IV 85–87

Ursprung haben alle ein und denselben. Deswegen versündigt sich gegen sich selbst, wer sich gegen den Nächsten vergeht; und wer seinem Nächsten etwas Böses zufügt, der macht sich selbst böse. Ebenso gilt, daß jeder, der seinem Nächsten Gutes tut, das auch sich selbst erweist. IV 62–63

Wir verheimlichen euch nichts, was ihr besser wissen solltet, sondern bezeugen, was wir gesehen haben (Joh. 3, 11): Die Feinde des Guten sinnen immer auf Böses gegen die Wahrheit. Wisset: Der Mensch, der aus dem Fleische stammt, verfolgt immer den, der aus dem Geist stammt (Gal. 4, 29), und jeder, der in der Gemeinschaft mit Christus ein frommes Leben führen will, wird Verfolgung erleiden (2 Tim. 3, 12). So kannte auch Jesus alle Leiden und Versuchungen, die in dieser Welt über die Apostel kommen sollten, und er wußte auch, daß sie durch ihre Geduld alle Gewalt des Feindes, d. h. den Götzendienst, vernichten werden. Er tröstete sie mit den Worten: »In dieser Welt werdet ihr Bedrängnis haben; aber habt Mut, denn ich habe die Welt besiegt« (Joh. 16, 33). Und er unterwies sie mit den Worten: »Fürchtet die Welt nicht; denn alle Übel der Welt bedeuten nicht viel im Vergleich mit der Herrlichkeit, die wir erwarten (Röm. 8. 18). Sie haben die Propheten vor euch verfolgt – sie werden auch euch verfolgen. Sie hassen mich – sie werden auch euch hassen (wie Joh. 15, 20). Aber fürchtet euch nicht: Vor euerer Geduld schwindet alle Gewalt des Feindes dahin.« V 52–57

Fürwahr, meine Lieben, zur Zeit ruhigen Segelwindes kann jeder als Steuermann prahlen. Aber in der Zeit heftigen Gegenwindes kommt bei jedem Steuermann an den Tag, ob er etwas taugt. VI 47

ANSCHAUUNG: KINDER GOTTES

Deshalb wurden auch die Propheten und die Apostel und die ganze Schar der Heiligen, die von Gott erwählt waren und an welche die Verkündigung durch die Apostel erging, Gefangene Jesu durch die Güte des Vaters. So schreibt der Apostel Paulus: »Paulus, der Gefangene Christi Jesu« (Eph. 3, 1).

So sei das geschriebene Gesetz euch eine Hilfe zu dieser heiligen Knechtschaft, bis wir über alle Leidenschaften des Leibes Herr sind und die Vollkommenheit der Tugend erlangen durch ein Leben gemäß den Lehren der Apostel. Wer bis zum Empfang dieser Gnade gekommen ist, zu dem spricht Jesus: »Nicht mehr Knechte nenne ich euch, sondern Freunde und Brüder; denn was ich von meinem Vater gehört habe, das habe ich euch alles mitgeteilt.« (Joh. 15, 15)

Denn alle, die zur Gnade gelangt sind und vom Heiligen Geiste belehrt wurden, haben ihre Geistnatur erkannt. Aufgrund dieser Selbsterkenntnis rufen sie aus: »Wir haben nicht einen Geist empfangen, der uns zu Sklaven macht, so daß wir uns noch immer fürchten müßten; sondern wir haben den Geist der Kindschaft empfangen, in dem wir rufen ›Abba – Vater!‹ (Röm. 8, 15).« So erkennen wir, was Gott uns geschenk hat; Kinder Gottes[11] sind wir, Erben Gottes, Miterben Christi (wie Röm. 8, 17).   VII 6–12

Bekleidet mit dem Heiligen Geist, bitten die Heiligen und Gerechten allzeit für uns, daß wir demütig werden vor Gott und unseren ursprünglichen Rang zurückerhalten und uns gemäß unserer Geistnatur wieder bekleiden mit dem Gewand, das wir von uns geworfen haben. Oft ergeht von Gott die Aufforderung an alle, die mit dem Geist bekleidet sind: »Tröstet, tröstet mein Volk«, spricht der Herr, »redet als Priester Jerusalem zu Herzen!« (Jes. 40, 1–2). Denn immer sucht Gott seine Geschöpfe heim und erweist ihnen seine Güte.   V 59–61

Ich bitte euch, Brüder, im Namen unseres Herrn Jesus Christus: Erkennt diesen erhabenen Heilsplan Gottes, nämlich daß er wurde wie wir, ausgenommen die Sünde. Jeder Mensch als mit Vernunft und Verstand begabtes Wesen – für sie ist ja der Retter gekommen – muß seine körperliche und geistige Natur (d. h. sich selbst) erkennen und muß Gut und Böse unterscheiden, damit er erlöst werden kann dank Seiner Herabkunft.
Alle, die durch seinen Heilsplan Erlösung gefunden haben, heißen Knechte Gottes. Das ist noch nicht die Vollkommenheit am Ende, aber doch die Rechtfertigung für die Gegenwart, die zu unserer Annahme an Kindes Statt führt.
Jesus, der Retter, erkannte, daß solche Menschen nahe daran sind, den Geist der Kindschaft zu erlangen und daß sie, vom Heiligen Geiste belehrt, ihn er-

kannt haben, und er sprach zu ihnen: »Nicht mehr
Knechte nenne ich euch, sondern Brüder und
Freunde; denn ich habe euch alles mitgeteilt und gelehrt, was mich der Vater gelehrt hat.« (Joh. 15, 15)
Daher wurden sie mutig, denn sie erkannten sich
selbst und ihre Geistnatur, und sie riefen aus: »Früher kannten wir dich nach Menschenart (wörtlich: im
Fleische), aber jetzt ist es nicht mehr so.« (2 Kor.
5, 16) Sie empfingen den Geist der Kindschaft und
riefen: »Wir haben nicht einen Geist empfangen, der
uns zu Sklaven macht, so daß wir uns fürchten müßten, sondern wir haben den Geist der Kindschaft
empfangen, in dem wir ›Abba – Vater‹ rufen. (Röm.
8, 15) Jetzt, o Herr, haben wir erkannt: Du hast uns
gegeben, Kinder Gottes zu sein und Gottes Erben
und Miterben Christi« (Röm. 8, 17).   II 24-30

Wer wird sich je unmittelbar an Gott versündigen
können? Oder wer kann Ihm je Gutes tun? Wer hat
Ihm je einen Dienst erwiesen? Wer preist je Gott mit
dem Lobpreis, mit dem er Ihn preisen müßte? Wer
kann Ihn verehren in dem Maße, wie Er verehrungs-
würdig ist? Wer kann den über alles Erhabenen mit
seinem Zutun noch erhöhen?   IV 64-65

Meine lieben Brüder, Miterben der Heiligen! Keine
Tugend ist euch fremd; ihr besitzt sie alle, und ihr
habt euch nicht eingelassen auf ein Leben, das vom
Leib regiert wird, und immer seid ihr Gott treu geblieben. In eine Seele aber, die Böses bewirkt, kehrt der
Geist Gottes nicht ein, und er wohnt in keinem Leib,
der sich der Sünde hingibt. Denn eine heilige Macht

ist er und hält sich fern von jeder Falschheit (Weish.
1,4–5).
Ich schreibe an euch, meine Lieben, als an verstän-
dige Menschen. Ihr seid fähig, euch selbst zu erkennen. Wer sich selbst erkannt hat, der erkennt Gott.
Wer aber Gott erkannt hat, muß Gott anbeten, wie es
recht ist.   VII 13–15

AUS DER »PHILOKALIA«

»Philokalia« heißt eigentlich »Liebe zu dem, was schön, gut, wahr ist«. Im speziellen Sinn versteht man darunter eine 1782 in Venedig zum ersten Mal gedruckte Sammlung mystischer Texte in griechischer Sprache. Sie wurden zwischen dem vierten und dem fünfzehnten Jahrhundert verfaßt und von zwei griechischen Mönchen zusammengestellt, dem heiligen Makarios von Korinth und dem heiligen Nikodemos vom Heiligen Berg (Athos).

In der Welt der griechischen Orthodoxie ist das Werk von Anfang an und bis heute wirksam. 1893 wurde es in Athen neu gedruckt. In den Jahren 1957 bis 1963 erschien dort (im Verlag Astir) eine Neuausgabe in fünf Bänden, die 1982 nachgedruckt wurde.

In der russischen Orthodoxie ist die Philokalia unter dem Titel Dobrotolubije 1793 in St. Petersburg erschienen, übersetzt von dem Mönch und Athospilger Paissij Welitčkowskij (1722–1794). Jedem, der die »Erzählungen eines russischen Pilgers« kennt, ist auch dieses Buch bekannt. Auf die russische Geistesgeschichte und Frömmigkeit des 19. Jahrhunderts wirkte es von da an in hohem Maß. Man muß nur an Dostojewskij denken, der es bewunderte und ständig las.

Im Westen wurde die Philokalia weit weniger verbreitet. Einzelne französische und englische Äußerungen dazu lassen sich finden. In Deutschland blieb sie so gut wie unbekannt. Weder Theologie noch Philologie befaßten sich in nennenswertem Ausmaß mit ihr. Es ist zu wünschen, daß – wie neuerdings in England – auch in deutscher Sprache eine vollständige Übersetzung erscheinen möge.

Mit dem Text, aus dem wir hier eine Auswahl aufnehmen, beginnt die Philokalia, weil ihre Herausgeber ihn für den ältesten hielten:

170 Paraineseis (Zusprüche, Regeln) unseres Vaters unter den Heiligen Antonios des Großen zur Sinnesart der Menschen und zu rechter Lebensführung.

Antonios gilt heute allgemein nicht als der authentische Verfasser dieser Texte. Wir möchten sie dennoch an dieser Stelle berücksichtigen und lassen uns dabei von der folgenden Überlegung leiten.

– Hausherr (vgl. Literatur) hat zwar gezeigt, daß der Beweis für die Echtheit weder durch äußere Argumente (etwa Bezeugung durch andere Autoren) noch durch solche aus dem Inhalt erbracht werden kann.

– Aus dem Titel muß nicht unbedingt gefolgert werden, daß Antonios als Verfasser der Schrift bezeichnet wird. Es ist von »Paraineseis des heiligen Antonios« die Rede.

– Die Existenz solcher Paraineseis von ihm kann nicht in Abrede gestellt werden. Die Apophthegmata sind solche, die Reden in der Vita und die Briefe sind erfüllt davon, – und bei Athanasios (AV 91) ermahnt Antonios die beiden Schüler, die er zuletzt um sich hat, sie sollten sich immer an die Paraineseis halten, die sie von ihm gehört hätten.

– Daran anknüpfend verfaßte u. E. jemand, der die Vita und zumindest einen Teil der überlieferten Antonios-Texte gekannt hat, (in griechischer Sprache) die »Paraineseis des heiligen Antonios« entsprechend seiner eigenen theologischen und philosophischen Überzeugung als Anweisung zu spiritueller Lebensführung.

– Der Verfasser gehörte dem Umkreis der stoischen populären Philosophie an. Man muß aber nicht alle von Hausherr als stoisch aufgezählten Gedanken ausschließlich in diesem Sinn auffassen. Manches zeigt eine deutliche Nähe zu Antoniosworten, z. B. die Aufforderung zur Geringschätzung des Besitzes; die Wichtigkeit von Frömmigkeit, Askese und Vernunftgebrauch; die Betonung von Entscheidung und Wille; die Forderung nach Läuterung von den irrationalen Leidenschaften; die Ausstrahlung der inneren Lauterkeit auf das Verhalten; die Notwendigkeit der Unterscheidungsfähigkeit; die Möglichkeit, Gott durch die Betrachtung der Schöpfung, die um des Menschen willen gemacht ist, zu erkennen; die Überzeugung, daß in der Vorsehung die Heilsabsicht Gottes für die Menschen beschlossen ist. Gemeinsam ist auch der manchmal anschaulich drastische Stil der popularphilosophischen Diatribe.

– Wohl schon bald wurde der Text von Anhängern des Antonios gelesen und wurde – trotz einiger Bedenken – schließlich auch von den Herausgebern der Philokalia berücksichtigt.

Aus diesem Grund entschlossen wir uns dazu, eine kleine Auswahl, die hier unseres Wissens zum ersten Mal in deutscher Übersetzung vorliegt, in das Bändchen mit Antonios-Texten aufzunehmen.

Die Menschen bezeichnet man als Vernunftwesen, aber unter Mißachtung des strengen Wortsinnes. Vernünftig sind nicht diejenigen, welche die Aussprüche und Schriften der Weisen der Vergangenheit durchaus studiert haben. Vernünftig ist, wer eine vernünftige Seele hat und unterscheiden kann, was das Gute und was das Böse ist; wer die Sünde und das der Seele Abträgliche meidet, im ausübenden Vollzug entschieden festhält am Guten und für die Seele Nützlichen; und wer dieses Tun verbindet mit tiefer Dankbarkeit gegen Gott: Nur diese Menschen darf man in Wahrheit vernünftig nennen. 1

Wer sich wegen der Natur seines Wesens schwertut, der soll dennoch nicht an sich verzweifeln, soll die gottgefällige und tugendliche Lebensweise weiterhin ernstnehmen und sie nicht als etwas ihm unerreichbar Fernes verachten. Nein, er soll ständig das zu verwirklichen suchen, was ihm möglich ist, und soll für sich Sorge tragen. Denn auch wenn er nicht die höchste Tugend- und Heilsstufe erreicht, so wird er doch wegen seiner Bemühung und seines Verlangens besser oder wenigstens nicht schlechter. Und dies ist kein geringer Nutzen für die Seele. 41

Das Böse, das die Seele als solches identifiziert hat, ist ihr verhaßt wie eine Art Stinktier. Bleibt es aber unerkannt, dann wird es geliebt von dem, der es nicht erkennt, und es macht ihn zum Sklaven und hält ihn gefangen. Und dieser Unglücklich-Unselige sieht nicht und begreift nicht, worin er seinen wahren Vorteil zu sehen hätte, sondern hält das Böse für einen ausgezeichneten Vorzug und freut sich noch darüber. 51

Wer sich nicht zufriedengibt mit dem, was ihm als Lebensunterhalt zur Verfügung steht, sondern mehr haben will, macht sich zum Sklaven der Leidenschaften. Diese stören die Ordnung der Seele und bringen ihr Gedanken und Vorstellungen bei, daß das Vorhandene nichts tauge. Und wie übergroße Anzüge die Läufer beim Wettkampf behindern, ebenso macht das Verlangen nach übermäßig Vielem es unmöglich, daß die Seelen kämpfen oder gerettet werden. 57

Was naturnotwendig geschieht, ist keine Sünde. Sünde ist das absichtlich begangene Böse. Essen ist keine Sünde, wohl aber, zu essen ohne Dank, ohne Ordnung, ohne Maß; denn es geht darum, den Körper am Leben zu erhalten, ohne daß sich damit ein böser Gedanke verbindet. Auch das schlichte Sehen ist keine Sünde, wohl aber der neidische, überhebliche und begehrliche Blick. Ebensowenig ist friedliches Hören eine Sünde, wohl aber das zornerfüllte. Und Sünde ist es, die Zunge, statt zu Danksagung und Gebet, für böses Geschwätz in Dienst zu nehmen. Und Sünde ist es, die Hände nicht als Werkzeug zu Taten der Barmherzigkeit, sondern zu Mord und Raub zu verwenden. Und auf diese Weise sündigt jeder Teil unseres Körpers, wenn wir mit ihm aus eigenem freiem Entschluß entgegen dem Willen Gottes das Böse statt des Guten verrichten. 60

Gott zugewandter frommer Sinn und tugendhafter Lebenswandel sind die Frucht, die dem gottgefälligen Menschen erwächst. Die Früchte der Erde reifen nicht in einer einzigen Stunde, sondern brauchen Zeit und Regen und Pflege. Ebenso gedeiht auch die Ernte eines Menschenlebens erst durch Askese, tätige Ausübung, im Lauf der Zeit, durch Ausdauer, Selbstbeherrschung und Geduld. (...) 64

Wer klug sein will, muß sich unablässig daran erinnern, daß wir Menschen, wenn wir in diesem Leben geringe und vorübergehende Leiden ertragen, dafür nach dem Tod größte Freude und ewige Glückseligkeit genießen. Wer mit den Leidenschaften ringt und von Gott den Siegespreis erhalten will, soll deshalb nicht verzagen, wenn er zu Fall kommt, und nicht an sich selbst verzweifeln und liegen bleiben; nein, er stehe auf und ringe von neuem und gedenke der Siegerehrung. Und bis zu seinem letzten Atemzug richte er sich von Fall zu Fall wieder auf. (...) 76

Von denen, die sich in den Herbergen einfinden, bekommen die einen Betten; andere, die kein Bett haben, sondern auf dem Fußboden schlafen, schnarchen ebenso gut wie die im Bett Liegenden. Und nachdem sie die Nacht verbracht haben, verlassen sie am Morgen ihr Lager in der Herberge, und alle miteinander gehen sie wieder hinaus und tragen nur, was ihnen gehört, mit davon. Ebenso scheiden auf ihrem Lebensweg alle, ob sie nun in bescheidenen Verhältnissen leben oder in Glanz und Reichtum, aus dem Leben wie aus einer Herberge und nehmen nichts mit sich fort als nur ihre eigenen Werke, entweder gute oder böse, die sie in ihrem Leben vollbracht haben. 80

Wie der Mensch aus dem Mutterleib heraustritt, so tritt auch die Seele nackt und bloß aus dem Körper aus: die eine rein und licht, die andere befleckt und versehrt und eine dritte schwarz von ihren vielen Sünden.
Daher erwägt und bedenkt die vernünftige und gottgefällige Seele das schlimme Leid nach dem Tod und verhält sich fromm und gottesfürchtig. Sonst würde sie ja verurteilt und dem selben verfallen. Denn die Ungläubigen kennen Frömmigkeit und Gottesfurcht nicht und sündigen, weil sie das, was sie dort erwartet, nicht interessiert: Toren, was ihre Seele anbelangt! 111

Einzig auf den Menschen hört Gott. Einzig dem Menschen zeigt sich Gott. Menschenfreundlich ist Gott; und wo auch immer der Mensch ist – Gott ist da.
Einzig der Mensch ist würdig, Gott anzubeten. Um des Menschen willen nimmt Gott Gestalt an. 132

Der Sohn ist im Vater, und der Geist ist im Sohn, und der Vater ist in beiden.
Durch den Glauben kennt und erkennt der Mensch die ganze Welt des Unsichtbaren und Geistigen. Der Glaube[1] aber ist die freiwillige Zustimmung der Seele. 141

Wenn du dankbar zu Bett gehst, die Gnaden Gottes und seine umfassende Vorsehung für dich erwägst und so von guten Gedanken erfüllt bist, dann nimmt deine Freude noch zu, und deines Leibes Schlaf wird zur Wachsamkeit der Seele, das Schließen deiner Augen zur wahrhaftigen Anschauung Gottes, und dein Schweigen, welches das empfangene Gute in sich birgt, bringt aus ganzer Seele und ganzer Kraft aufsteigenden und angenehmen Lobpreis dem All-Gott dar.

Denn wenn das Böse dem Menschen fern ist, dann gefällt schon Danksagung allein mehr als jede kostbare Opfergabe Gott.

Ihm sei die Ehre in Ewigkeiten-Ewigkeit.

Amen. 170

ZEITTAFEL

250	Allgemeine Christenverfolgung unter Kaiser Decius mit dem Ziel, das alte Heidentum zu erneuern.
251/252	*Antonios geboren*
257	Unter Kaiser Valerianus wird die Verehrung christlicher Martyrer verboten, die Verweigerung des heidnischen Opfers mit dem Tod bestraft.
ca. 269/271	*Tod der Eltern des Antonios.*
286	*Rückzug des Antonios zum Berg Pispir (Kastell).*
ca. 295	Athanasios in Alexandria geboren.
nach 300	Hilarion, ein Schüler des Antonios, verbreitet das Eremitentum in Palästina.
303–311	Christenverfolgung (besonders lang andauernd im Osten).
306	*Antonios verläßt das Kastell.* Von jetzt an entstehen zahlreiche Mönchsansiedlungen in der Wüste.
ca. 308	Pachomios wird Eremit.
ca. 310	Während der Christenverfolgung unter Maximin geht *Antonios nach Alexandria,* weil er den Martyrertod erleiden will.
312	*Antonios übersiedelt auf den Berg Kolzim in der Nähe des Roten Meers.*
313	Ende der Christenverfolgungen, Einführung völliger Religionsfreiheit durch das Toleranzedikt von Mailand.
320–325	Klosterbau des Pachomios in Tabennisi: für Mönche, die (unter Pachomios als Abt) in Gemeinschaft (koinobitisch) leben wollen.
335	Athanasios wird als Bischof in Alexandria abgesetzt; in sein Exil nach Trier nimmt er zwei Mönche mit.
335–337	*In die Glaubenskämpfe in Ägypten greift Antonios durch sein Auftreten in Alexandria ein.*
337	Athanasios kehrt nach Alexandria zurück und geht
339	(wegen kirchlicher Auseinandersetzungen) nach Rom; dort vermittelt er die Kenntnis des Eremitentums als Lebensform.
ca. 339	Ambrosius als Sohn eines römischen Militärbeamten in Trier geboren.

347	Tod des Pachomios. Bis zu dieser Zeit ist seine Gründung angewachsen auf 9 Männerklöster (mit etwa 9000 Mönchen) und 2 Frauenklöster.
354	Augustinus in Tagaste (Nordafrika) geboren.
356	*Tod des Antonios: Seine Grabstätte bleibt unbekannt.*
ca. 357	Athanasios verfaßt die *Lebensbeschreibung des heiligen Antonios.*
357/358	Studienreise Basileios' des Großen zu den Mönchen im Osten und
360	Klostergründung (zusammen mit Gregorios von Nazianz) im Pontosgebiet; erste Abfassung der beiden Mönchsregeln (Asketikon) durch Basileios, mit denen er zum eigentlichen Begründer des klösterlichen (d. i. koinobitischen) Mönchtums der Ostkirche wird.
4. Jhdt.	Ausbreitung des anachoretischen Mönchtums in Georgien.
361	Martin von Tours gründet in Frankreich das Kloster Ligugé.
372	Rufinus von Aquileia reist nach Alexandria und besucht die Wüstenmönche.
373	Tod des Athanasios.
374	Ambrosius wird Bischof von Mailand, wo er ein Kloster gründet.
375	Hieronymus läßt sich in der Wüste nieder und lebt dort zwei Jahre lang als Asket und Kirchenschriftsteller.
375	Martin gründet in Frankreich das Kloster Marmoutier.
374/379	Hieronymus verfaßt eine (lateinische) Lebensbeschreibung des ägyptischen Einsiedlers Paulos von Theben, später auch noch des Malchos und des Hilarion, um die Lebensweise der Eremiten im Westen bekanntzumachen.
386	Bekehrung des Augustinus (in Mailand). Hieronymus läßt sich in Bethlehem nieder und gründet dort mehrere Klöster.
vor 388	Euagrios übersetzt die Antoniosvita des Athanasios ins Lateinische.
388	Augustinus stiftet ein Kloster in Tagaste. (Von Afrika aus erreicht das Mönchtum die spanische Halbinsel.)
396	Augustinus wird Bischof von Hippo in Nordafrika.
397	Rufinus kehrt in den Westen zurück und vermittelt dort die Kenntnis vieler Werke der griechischen Kirchenväter; er übersetzt eine Zusammenfassung der Regel des Basileios. Tod des Martin von Tours. Sulpicius Severus schreibt seine Martinsbiographie größtenteils noch vor 397; in ihr stellt er Martin den ägyptischen Mönchen an die Seite. Tod des Ambrosius.
ca. 405	Synesios von Kyrene verfaßt die Schrift »Dion«; darin betont er (gegen die koptischen Wüstenmönche) die Bedeutung von Literatur und Wissenschaft als Hinführung zur *theoría.*

ca. 410	Honoratus von Arles gründet das Kloster Lérins in Frankreich.
415	Johannes Cassianus gründet nach einem Aufenthalt in Ägypten das Kloster St. Victor (bei Marseille).
419–428	Johannes Cassianus macht in seinem Werk »Über die Einrichtungen der Klöster« die Lebensweise der östlichen Mönche, bei denen er sich lange aufgehalten hat, im Westen bekannt und verfaßt die Schrift »Unterredungen mit den (Wüsten-)Vätern«, die auf seinen Gesprächen mit den Anachoreten in der Wüste beruht.
430	Tod des Augustinus.
432	Patricius bringt von Lérins aus das Mönchtum nach Irland.
um 450	Die »13 Syrischen Väter« führen das koinobitische Mönchtum in Georgien ein.
seit 473	wird das *Fest des heiligen Antonios* in Ost und West am 17. Januar gefeiert.
ca. 480	Benedikt in Nursia geboren.
ca. 529	Übersiedlung Benedikts und seiner Mönche nach Montecassino; schriftliche Fassung seiner Klosterregel.
555	Cassiodorus gründet eine Gemeinschaft von Mönchen, die sich mit Wissenschaft und Gelehrsamkeit befassen; dadurch wird in der Zeit der untergehenden Spätantike die Kultur der alten Welt ins Mittelalter herübergerettet.
561	*Das Grab des heiligen Antonios wird aufgefunden. Überführung seiner Gebeine nach Alexandria.* (In der Kirche des Antoniosklosters auf dem Berg Kolzim wird noch das Antoniosgrab verehrt.)
ca. 600	Die ersten Mönche aus Irland kommen zur Missionierung auf den Kontinent.
635	*Übertragung der Reliquien des heiligen Antonios nach Konstantinopel* (wegen der Eroberung Ägyptens durch die Sarazenen).
ca. 1000	Übertragung des größeren Teils der *Antoniosreliquien nach St.-Didier-de-la-Motte* in Frankreich durch heimkehrende Kreuzzugsteilnehmer.
1095	Gründung des Ordens der *»Hospitaliter vom heiligen Antonius«* in St.-Didier-de-la-Motte; Hauptaufgabe: Krankenpflege. Verbreitung in ganz Europa (369 Hospitäler).
1119	Weihe der dortigen *Antonioskirche* durch Papst Calixtus II.
1491	Überbringung der *Antoniosreliquien nach Arles* (Kirche St. Julien).

ANMERKUNGEN

LEBENSBILDER

1 So im Hymnus »Te Deum«.
2 VS 36.
3 Damit ist die akedía gemeint, das Gefühl der Unzulänglichkeit, der Mutlosigkeit und des Überdrusses, ja der Sinnlosigkeit, die Versuchung zum Aufgeben allen Bemühens. In Zusammenhang mit Ps. 91,6 wird dieses Gefühl als vom Mittagsdämon verursacht begriffen. Über die Häufigkeit und Gefährlichkeit der akedía finden sich viele Aussagen in den frühen Unterweisungen über das mönchische Leben.
4 Konstantinus und seine Söhne Konstantius und Konstans.
5 Die Ich-Aussage ist Äußerung Goethes (Eckermann 4.1.1824). Das Zitat ist dem Buch »Goethes Farbentheologie« von A. Schöne entnommen (München 1987, S. 72 f.).
6 Der Sohn Gottes ist auch Wort/Logos (Joh. 1,1) und Weisheit/Sophia (1 Kor. 1,24) genannt.
7 So die wörtliche Übersetzung. Man kann verdeutlichend sagen: Es war einmal eine Zeit/ein Zustand, wo der Sohn noch nicht war.
8 Vgl. S. 89.
9 Vgl. VS 32.
10 Novalis: Wenn nicht mehr Zahlen und Figuren ...
11 Als Engel aufgefaßt in der lateinischen Übersetzung des Euagrius.

REDE AN DIE MÖNCHE
(AV 16-44)

1 Wie auch andere Stellen der Vita zeigen, sprach Antonios nur »ägyptisch«, d.h. seine koptische Muttersprache. Wenn es nötig war, wurden seine Worte übersetzt.
2 Wenn immer wieder vom »Besitz« der Tugend die Rede ist, so muß man bedenken, daß im Gegensatz zum Besitz materieller Habe so gesagt wird. Denn Tugenden besitzt man gerade nicht, um sie zu »ha-

ben«, sondern um sie anzuwenden für ein tugendgemäßes Leben. Sie verhelfen nicht dazu, es gut zu haben, sondern gut zu sein.

3 Antonios spricht ja zu den Eremiten.

REDE AN DIE HEIDNISCHEN PHILOSOPHEN
(AV 74–80)

1 Vgl. Anm. 1 zur Rede an die Mönche

VÄTERSPRÜCHE

1 Vgl. Sartory, Gertrude und Thomas: Lebenshilfe aus der Wüste. Die alten Mönchsväter als Therapeuten. Herder-Taschenbuch 763.
2 Auf den Ikonen der Ostkirche hält Antonios häufig eine Schriftrolle mit diesem Text.
3 Vgl. Anm. 6.
4 Die Metanie besteht in einem Kniefall, bei dem die Stirn den Boden berührt. Sie kann Verehrung oder Bitte um Vergebung ausdrücken.
5 »oder vom Heiligen Geist inspiriert« fügt hier die lateinische Übersetzung zur Erläuterung ein. Das »Tragen« einer Gesinnung wird in den Briefen öfters mit dem Bild vom Tragen eines Gewandes (»bekleidet mit …«) ausgedrückt.
6 Die Nitria liegt südöstlich von Alexandria im Südwesten des Nildeltas. Von der Begründung des Eremitenlebens dort durch Amun berichtet Palladius in der Historia Lausiaca (Kap. 8). Unser Apophthegma zeigt, wie durch die zunehmende Zahl der Einsiedler das gemeinschaftliche Leben begann und wie andererseits dieses dann wieder zur Vorstufe für das (radikalere) Eremitentum werden konnte.
Südlich an die Nitria schließen sich Kellia und Sketis an.

AUS DEN BRIEFEN

1 Die Angaben zur Überlieferung des Textes übernehmen wir von Garitte, Gérard: Lettres de S. Antoine. Version géorgienne et fragments coptes. Louvain 1955 (= Corpus scriptorum Christianorum orientalium 148).
2 Wohl in Anspielung auf den Schluß dieser Episode (Gen. 32,31): »Jakob gab dem Ort den Namen Penuël (Gottesgesicht) und sagte: Ich habe Gott von Angesicht zu Angesicht gesehen und bin doch mit dem Leben davongekommen.«
3 »seinen lebenspendenden Geboten« übersetzt Echellensis.
4 Vgl. S. 16. Antonios selbst ist für diese Gruppe ein Beispiel.
5 Drei vergleichbare Wege der Bekehrung der Menschen zur »Philosophie« (im ganz wörtlichen Sinn als »Liebe zur Weisheit« zu verste-

hen) beschreibt Augustinus am Anfang seiner Schrift »Über das glückselige Leben«. Die erste Gruppe von Menschen führt ihre innere Berufung gleich darauf zu. Die zweite Gruppe gelangt durch enttäuschende Erlebnisse zum Lesen und kommt durch die Schriften der Weisen auf den rechten Weg. Die der dritten Gruppe Zugehörigen werden meist durch mancherlei Gefahren auf dem Meer des Lebens, auf das sie sich zu weit hinausgewagt haben, zu der Einsicht gebracht, daß das wünschenswerte Leben ein Leben in Ruhe und Frieden ist.

6 Vgl. die Beschreibung von Antonios' Aussehen nach dem Verlassen des Kastells: S. 33 f.

7 Vgl. Antonios' Frage und die Antwort Gottes S. 26!

8 Die drei Möglichkeiten, wie der Körper in Aktion versetzt wird: I 35–41 (nicht abgedruckt), wie VS 22 (S. 104 f.)

9 In diesen Sätzen ist wiederholt Bezug genommen auf die im ersten Buch der Könige (18) geschilderte Opferszene auf dem Berg Karmel. Das Opfer der Baalpriester wurde nicht angenommen, ihre Gebete blieben unerhört, während Feuer vom Himmel das Opfer des Elija verzehrte. Darauf kündigte sich mit einer über dem Meer aufsteigenden Wolke der ersehnte Regen an. – Mit dem Aufgeben des Eigenwillens, dem geistigen Opferdienst, dem spirituellen Feuer und der Geist-Tröstung gehört diese Textstelle zu den ältesten Aussagen über das Gebet in der monastischen Überlieferung.

10 Für diesen ganzen Zusammenhang vgl. 1 Kor. 12.

11 Vgl. VS 32 (S. 108) und S. 60 f.

AUS DER PHILOKALIA

1 Man darf sich nicht dadurch irreführen lassen, daß das deutsche Wort »glauben« zwei voneinander sehr verschiedene Bedeutungen hat: einmal »glauben« im Sinn von »meinen, es (noch) nicht besser wissen« und dann im Sinn von »Glauben schenken«. Im Griechischen und ebenso im Lateinischen gibt es für beides verschiedene Wörter, und es besteht keine Möglichkeit für dieses Mißverständnis. »Glauben« im letzteren Sinn (pisteuein, credere) bedeutet immer, daß der Glaubende sicher darauf vertraut, daß das von ihm Geglaubte wahr ist. Das ist nur möglich im Hinblick auf eine Person: Man glaubt immer *jemandem;* dem, welcher die Botschaft sendet. Daß man dir glaubt, heißt immer, daß man auf den Beweis für dein Wort verzichtet – weil *du* es sagst, weil *du* es bist. »Freiwillige Zustimmung der Seele« bedeutet Verzicht auf den Wahrheitsbeweis. Vgl. dazu Antonios' Gespräch mit den heidnischen Philosophen (S. 91 f.).

LITERATUR

Die den Übersetzungen zugrundeliegenden Texte

Athanasius: Vita et conversatio S. P. N. Antonii. In: Migne PG 26, 835–976.

Garitte, Gérard: Lettres de s. Antoine. Version géorgienne et fragments coptes traduits ... – Louvain 1955. (= Corpus scriptorum Christianorum orientalium 149) (Lateinische Übersetzung des georgischen Textes)

Antonius: Epistulae. In: Migne PG 40, 977–1000 (lateinische Übersetzung von Valerius de Sarasio) und 999–1019 (lateinische Übersetzung durch Abraham Echellensis).

Antonius: Apophthegmata. In: Migne PG 65, 75–88.

Ἀντωνίου τοῦ Μεγάλου Παραινέσεις περὶ ἤθους ἀνθρώπων καὶ χρηστῆς πολιτείας. In: Φιλοκαλία Bd. 1,4–27. – Athen 1982

Herangezogene Literatur

Anonymus d'outre tombe: Die großen Arcana des Tarot. Meditationen. Basel 1983.

Bettencourt, E. T.: L'idéal réligieux de s. Antoine. In: Antonius Magnus Eremita (Studia Anselmiana 38) 1956, 45 ff.

Cremaschi, Lisa: Vita di Antonio, apoftegmi, lettere. Introduzione, traduzione e note ... Rom 1984.

Devillier, Sr. Noëlle o. p.: St. Antoine le grand père des moines. Abbeye de Bellefontaine 1971. (= Spiritualité orientale 8)

Dihle, Albrecht: Das Gewand des Einsiedlers Antonius. In: Jahrbuch für Antike und Christentum 22 (1979) 22 ff.

Dörries, H.: Die Vita Antonii als Geschichtsquelle. (Nachr. Ak. Wiss.) Göttingen 1949, 359 ff.

Garitte, Gérard: Panégyrique de saint Antoine par Jean, évèque d'Hermopolis. In: Orientalia Christiana Periodica IX (1943) 100 ff.

Gottfried, Adolf (Hg.) / Przybyla, Heinrich (Übers.): Athanasius, Vita Antonii. Graz–Wien–Köln 1987.

Hausherr, Irénée: Un écrit stoicien sous le nom de Saint Antoine Ermite.

In: De Doctrina Spirituali Christianorum Orientalium Quaestiones et Scripta V, 212–216, Rom 1933.

Laager, Jacques (Hg. und Übers.): Palladius, Historia Lausiaca. Die frühen Heiligen in der Wüste. Zürich 1987.

List, J.: Das Antoniusleben des heiligen Athanasius. Eine literar-historische Studie zu den Anfängen der byzant. Hagiographie. Athen 1930.

Lorié, L. Th. A., S. J.: Spiritual Terminology in the Latin Translations of the Vita Antonii. Nijmegen 1955.

Louf, d. André (Introd.) / Les Moines du Mont des Cats: Saint Antoine, Lettres. Abbaye de Bellefontaine 1976. (= Spiritualité orientale 19).

Miller, P. Bonifaz: Weisung der Väter. Trier ²1980.

Palmer, G. E. H. / Sherrard, Philip / Ware, Kallistos: The Philokalia I, 327 ff.

Müller, C. Detlef: Von Teufel, Mittagsdämon und Amuletten. In: Jahrbuch für Antike und Christentum 17 (1974) S. 91 ff.

Richard, P. Anton (Übers.): Des heiligen Athanasius Leben des heiligen Antonius des Großen. In: Ausgew. Schriften des hl. Athanasius Bd. 2. Kempten 1875, 215 ff.

Sartory, Gertrude und Thomas: Lebenshilfe aus der Wüste. Die alten Mönchsväter als Therapeuten. Freiburg 1980. (= Texte zum Nachdenken Herder TB 763).

Steidle, B.: Homo Dei Antonius. Zum Bild des »Mann Gottes« im alten Mönchtum. In: Antonius Magnus Eremita (Studia Anselmiana 38) 1956, 148 ff.

Stutzinger, Dagmar: Θεῖος Ἀνήρ – Die Vorstellung vom außergewöhnlichen, göttlichen Menschen. In: Spätantike und frühes Christentum (= Katalog der Ausstellung im Liebighaus Frankfurt am Main), Frankfurt 1983, 161 ff.

Taschenbücher
zum Bedenken und Verschenken

»Texte zum Nachdenken«
Herausgegeben von Gertrude Sartory

Johannes Cassian
Spannkraft der Seele
Einweisung in das christliche Leben I
Band 839, 176 Seiten, 2. Aufl.

Aufstieg der Seele
Einweisung in das christliche Leben II
Band 945, 128 Seiten

Ruhe der Seele
Einweisung in das christliche Leben III
Band 1032, 192 Seiten

Lebenshilfe aus der Wüste
Die alten Mönchsväter als Therapeuten
Ausgewählt und eingeleitet von
Gertrude und Thomas Sartory
Band 763, 160 Seiten, 5. Aufl.

Ein Lied, das nur die Liebe lehrt
Texte der frühen Zisterzienser-Mönche
Ausgewählt, übersetzt und eingeleitet von
Bernardin Schellenberger
Band 904, 176 Seiten, 2. Aufl.

Herder Taschenbuch Verlag

Taschenbücher
zum Bedenken und Verschenken

»Texte zum Nachdenken«
Herausgegeben von Gertrude Sartory

Franz von Assisi
Geliebte Armut
Ausgewählt und eingeleitet von
Gertrude und Thomas Sartory
Band 630, 128 Seiten, 12. Aufl.

Mahatma Gandhi
Aus der Stille steigt die Kraft zum Kampf
Von der Macht des Gebetes
Auswahl und Übersetzung von Henrike Rick
Einführung von Martin Kämpchen
Band 1385, 128 Seiten, 2. Aufl.

Verborgene Worte Jesu –
Christusmeditationen aus der frühen Kirche
Auswahl und Einleitung von Alfons Rosenberg
Band 857, 96 Seiten, 3. Aufl.

Franz von Sales
Feuer und Tau
Führung der Seele
Ausgewählt, übersetzt und eingeleitet von
Ingeborg Klimmer
Band 1294, 128 Seiten

Herder Taschenbuch Verlag